'26年版

業界と職種がわかる本

岸 健二 編

自分に合った業界と職種をみつけよう!

成美堂出版

将来を見すえた企業選びのために

未曾有のコロナ禍下で学生時代をスタートし、今就職活動を始めようと本書を手に取ったみなさん、このパンデミックは否応なく様々な変化のスピードを速めました。加えてウクライナへのロシアの侵攻、パレスチナ自治区・中東での武力衝突激化をはじめ、国際社会や日本経済の将来予測は、ますます難しくなっているのが現状です。

そうした中でも冷静に企業の採用活動を観察すれば、新卒採用は依然として「質」重視が続いていることが見て取れるでしょう。

就職活動のあり方についての新たな試みも見られますが、「就活」のしくみそのものの本格的な改革には、いまだ至っていません。

このような状況の中、焦燥感にとらわれ、「数打てば当たる」型の就職活動になってしまう学生のみなさんも少なくはないでしょう。

しかし今は大手・中小を問わず、いずれの企業に就職しても、どのような雇用形態で働くことになっても、そこで安住することなく、客観的な情報収集と自己研鑽を続けることが必要な時代です。

むしろこのような時代だからこそ、業界・職種研究をなおざりにせず、自分の今後の人生と企業の将来性を見すえた就職活動をしていくことが大切ではないでしょうか。

また、少子高齢化や産業構造の急速な変化などを背景として「働き方改革」関連法が施行され、雇用形態の多様化が進み、働くしくみの大きな変革が進められています。また、IT技術の進歩・生成ＡＩの登場によって、仕事の進め方も劇的に変化しています。

このような転換期にあっても、確かな自己分析と、自分なりの企業研究に裏打ちされた就職活動を行い、入社後も自分と企業のめざす方向性、社会の動向を検証していく習慣を身につけることができれば、これほど力強いことはありません。

この「就活」を、単なる通過点ではなく、自身の成長の機会と前向きにとらえていくぐらいの強い気持ちで臨んでいきましょう。

2024年３月

人材ビジネスコンサルタント　岸　健二

最新動向を１ページでおさらい

就職活動ポイントチェック

企業の採用意欲は高い水準を維持している

2025年春入社の採用に関する調査で、前年度の活動よりも採用人数が「増える見込み」と回答した企業は、「減る見込み」と回答した企業を大きく上回った。景気の動向に左右される部分はありつつも、「今年度並みの見込み」と回答している企業の割合も高く、企業の採用意欲は高水準を維持していると考えられる。また、24年春入社予定の大卒内定率は86.0％と回復。コロナ禍前（19年87.1％）には届かないものの、調査開始以来３番目の高さとなった。

新定義でのインターンシップがスタート

企業の採用活動については日本経済団体連合会（経団連）が指針を廃止後、政府が下記の基準日を維持するように経済団体などへ要請している。

- ●広報活動のスタート→３年生の３月１日以降
- ●選考活動のスタート→４年生の６月１日以降
- ●正式な内定日→４年生の10月１日以降

2022年には経団連と大学による産学協議会が報告書をまとめ、インターンシップのあり方の見直しを提言。学生のキャリア形成支援活動の４類型を示すとともに、特に高学年の学部生が対象となるインターンシップはタイプ３と定義した。

文部科学省・厚生労働省・経済産業省が連名する文書でも、この方針が認められ、制度改正が決定。**タイプ３のインターンシップで企業が取得した学生情報は、広報活動・選考活動に使用できるものとなった。**制度改正は2025年春入社（2023年度の学部３年生）を対象とする新卒採用活動から適用されている。

本格的な活動開始までの事前準備がカギを握る

政府が基準日を示し、インターンシップのあり方が見直された後も、外資系企業や独自のポリシーをもつ企業などが要請に沿って活動を行うとは限らない。

これからの就職活動では、自分なりに志望企業の動向や活動のピークとなる時期を見定めて準備を整えていくことが大切になる。**インターンシップへの積極的な参加、OB・OG訪問など、自ら動くことで独自の情報収集に励もう。**

➡最新動向の詳細は、P190～197をチェック！

本書の構成と使い方

自分に合った職場を探すには、まず各業界や職種の大枠をつかむことが必要です。本書は、これから就職活動をする大学２・３年生のために、複雑な業界や職種を11業種・８職種にまとめて簡潔に紹介。就職活動の流れや最新採用動向も簡便に掲載しました。就職活動の基本である業界職種研究の入門書として最適な１冊です。どこから読んでも、知りたいところだけ読んでもＯＫ。変化の激しい時代、本書を手がかりに常に新しい情報を確認し（掲載情報は原則として2024年３月時点のもの）、分析しながら、万全の態勢で就職活動に臨んでください。

本書の構成

第１章 業界研究

次の３ステップで業界研究ができます。

1 早分かり図と業界動向の記事で、業界の現状をつかむ。

2 主要企業の待遇情報一覧などで各業界の働く環境をつかむ。

3 各業界ごとの業務内容を大まかにつかむ。

第2章 職種研究

次の3ステップで企業研究も兼ねた職種研究ができます。

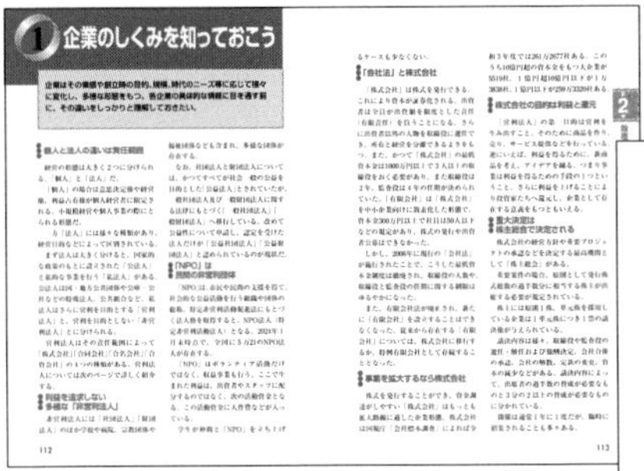

1 まず、企業のしくみを理解する。

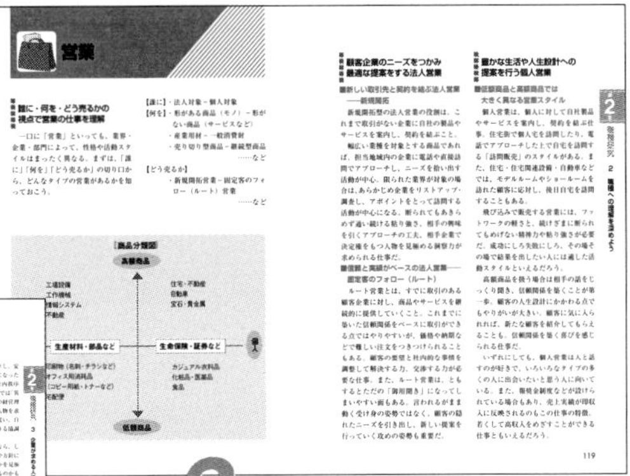

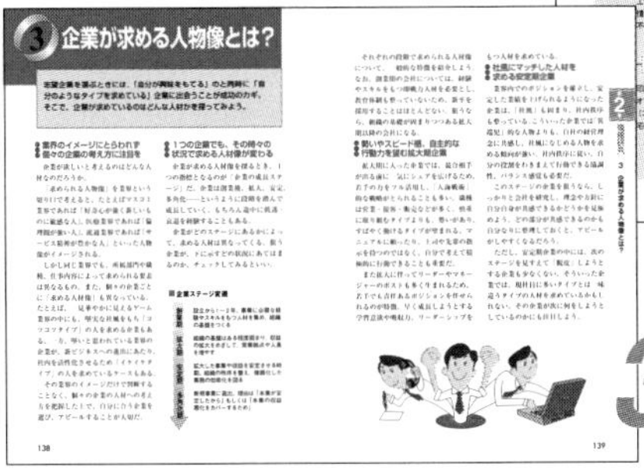

2 主要8職種について、それぞれの職務内容を見る。

3 企業が求める人物像を知る。

第3章 就職活動シミュレーション

就職活動の流れと、それぞれの段階でのやるべきこと、注意点などが押さえられます。P184からのスケジュールチェックシートは実際の就職活動で大いに活用してください。

1 就職活動の流れを知っておこう

1 なおも早期化傾向は続く

第4章 最新採用動向

最新の採用動向をデータとともに紹介。戦略的な就職活動を計画できます。

目次 CONTENTS

目次 CONTENTS

業界研究

各業界の全体像を説明。社会経済の大枠を理解し、これからの動きを予想しましょう。チャート内では、各業界で注目を集める企業名をピックアップ。興味がもてる業界を見つけてください。

1 業界を理解しよう

どんな業界があるのか、どんな特徴をもっているのかを知る努力をしよう。業界を知ることで、今までまったく知らなかった社会の動きも理解でき、興味のあるジャンルも見つけられる。

どんな業界があるのかを知ろう

就職活動を始めるにあたり、あなたはどんなことを考えるだろうか？「自分にはどんな仕事が向いているのか」「やりたい仕事はどこでできるのか」などと思いをめぐらせるかもしれない。

そこで、まずは世の中にどんな業界があるのかを知ろう。業界とは事業の種類による分類のこと。つまり、「どんな商品・サービスを」「誰に対して」「どんな方法で」提供しているかのグループということだ。

この章では、主な業界について、社会で担う役割、事業の内容、特徴といった基礎知識から、現状や今後の展望を紹介する。一通りの業界を理解すれば、社会の流れやそれぞれの業界の存在価値が見えてくるだろう。「自分がやりたいこと」が、どの業界で実現できるかの見当もついてくるはずだ。

業界の特徴について知らないまま企業探しに入ると、イメージを頼りに選んでしまい、失敗することにもなりかねない。「木を見て森を見ず」にならないように気をつけよう。

【業界分類図】

社会や生活のインフラ(基盤)を整備・運営する

エネルギー業界(石油・電力・ガス)
建設・不動産・住宅業界
交通・運輸業界(陸運・航空・海運・鉄道)
IT・通信・インターネット業界

モノを作る

製造業界(鉄鋼・非鉄金属・化学・ガラス・セメント・ゴム・紙・繊維・電機・機械・精密機器・電子部品・自動車・化粧品・トイレタリー・食品・医薬品・アパレルなど)

モノを販売・仲介する

流通・小売業界(商社・百貨店・スーパー・コンビニ・専門店・通信販売など)

モノ以外のサービスを提供する

サービス・レジャー・アミューズメント業界(フードサービス・ホテル・旅行など)
マスコミ業界(新聞・出版・広告・放送など)
教育・人材・コンサルティング業界など

お金を動かす

金融業界(銀行・証券・生保・損保・クレジットカード・消費者金融・リース)

あなたが抱いている各業界のイメージを検証しよう

それぞれの業界は、基本的な役割ごとに左ページのように分類できる。ただし、会社や部門によって役割や機能はまったく異なることを意識しておきたい。

1つの業界内でも、企業を対象に商品・サービスを提供する事業もあれば、一般消費者を対象にする事業もある。国内の活動が中心の事業もあれば、海外で強みを発揮している事業もある。低迷している事業がある一方で、今後有望な事業もある。様々な角度から業界を眺め、判断することが大切だ。

あなたも、それぞれの業界に対して自分なりのイメージをもっているはず。それが正しいかどうか検証するためにも、業界研究は必要だ。

産業構造は急激に変化している。花形だと思っていた業界が先細りムードだったり、逆に地味で堅いイメージの業界が最先端ビジネスに参入するノウハウや技術をもっていたりする。各業界の現状と展望を正しく把握しよう。

意外な業界で、やりたい仕事ができる可能性も!?

最近では業界の垣根がなくなってきていることも認識しておきたい。市場活性化のため、様々な規制が緩和されている。これにより、たとえば、コンビニチェーンやIT企業が金融関連ビジネスを手がけるなど、異業種への新規参入も増えている。

「この仕事ならこの業界」と決めつけて対象業界をしぼり過ぎると、選択肢が狭まり、チャンスを失うかもしれない。しかもその業界に古くからある企業よりも、異業種から参入している企業のほうが斬新なアイデアをもち、個性的な商品やサービスを提供しているケースも少なくないのだ。興味の薄い業界も念のためチェックしておこう。

興味をもった業界についてさらに詳しく調べよう

次ページ以降に各業界の早分かり図と解説を載せた。ここで紹介している業界や企業は多数ある中のごく一部を取り上げたもの。より詳しい情報は各自で研究してみよう。また各データは原則として2024年3月時点のものだ。

本書で各業界の概要をつかみ、興味のある業界が見つかったら、より詳しく調べてみよう。その業界に関する書籍・業界新聞・業界誌を読んだり、業界セミナーに参加したりするといい。

また、インターネットでキーワードから検索すれば、様々な切り口の情報が豊富に手に入る。各業界の早分かり図下の「お役立ち情報」も参考にしよう。また、メールマガジンを購読する手もある。その業界で働いている先輩・親戚・知人などから生の声を聞くことも試みてほしい。

また、本書では各業界の代表的な企業名を参考に挙げているが、一般にあまり名が知られていない中小企業や新興企業にも、ユニークな取り組みで成長している企業はたくさんある。業界の注目企業も、ぜひ研究してみよう。

製造

海外事業、環境・エネルギー事業が活発。「AI」「IoT」の研究開発・実用化にも力を注ぐ

【素材－早分かり図】

鉄鋼

日本製鉄
JFEホールディングス
神戸製鋼所
プロテリアル(旧・日立金属)
大同特殊鋼

非鉄金属

住友電気工業
三菱マテリアル
JX金属(ENEOSホールディングス完全子会社)
住友金属鉱山
三井金属鉱業

化学

三菱ケミカルグループ
住友化学
旭化成
三井化学
レゾナック・ホールディングス(旧・昭和電工)
積水化学工業
東ソー(島津製作所と提携)
信越化学工業
DIC
日本ペイントホールディングス
エア・ウォーター

ガラス

AGC
日本板硝子
日本電気硝子
HOYA
セントラル硝子

セメント

太平洋セメント
住友大阪セメント
UBE三菱セメント
トクヤマ

ゴム・タイヤ

ブリヂストン
住友ゴム工業
横浜ゴム
住友理工
TOYO TIRE

合成ゴム

JSR
日本ゼオン
旭化成
UBEエラストマー
住友化学

紙・パルプ

2強
王子ホールディングス
日本製紙

提携（王子ホールディングス→三菱製紙）
大王製紙(家庭紙。丸住製紙と提携)
北越コーポレーション(洋紙)
三菱製紙(アート紙等)
レンゴー(段ボール等)

繊維

東レ
帝人
東洋紡
旭化成
クラレ
ユニチカ
三菱ケミカル(三菱ケミカルグループ完全子会社)

※上記情報は2024年3月時点のもの。

➡お役立ち情報　製造の業界研究は次のキーワードで検索。例）鉄鋼業界の場合「鉄鋼　業界　展望」「鉄鋼　市場　動向」「鉄鋼　業界　動向」「鉄鋼　ニュース」

【電機・機械ー早分かり図】

家電・AV

■国内
日立製作所　三菱電機
ソニーグループ(本田技研工業、TSMCと提携)
パナソニックホールディングス
シャープ ← 子会社化 ― ホンハイ精密工業(台)

■外資
ハイアール(中)
サムスン電子(韓)
LGエレクトロニクス(韓)
ホンハイ精密工業(台)

コンピュータ

■国内
〈パソコン中心〉
NEC(日本電気。NTTと提携) ← 提携(NECレノボ・ジャパングループ) → レノボ(中)
富士通(NTTと提携) ← 提携 → レノボ(中)
〈サーバ中心〉
日立製作所

■外資
〈パソコン中心〉
HP Inc.(米)
エイサー(台)
デル・テクノロジーズ(米)
レノボ(中)
〈サーバ中心〉
IBM(米)(アップル、SAPと提携)

電子部品

京セラ
TDK
村田製作所
アルプスアルパイン
ニデック(旧日本電産)

半導体

ルネサスエレクトロニクス
東京エレクトロン
ラピダス(キオクシア、ソニー、トヨタ自動車、NTTなどが出資)
サムスン電子(韓)
インテル(米)

OA・精密機器

キヤノン
リコー
セイコーエプソン
富士フイルムビジネス
イノベーション
オリンパス

工作機械

マキタ
ファナック
アマダ
安川電機

建設機械

小松製作所
クボタ
日立建機
住友重機械工業

自動車

トヨタ自動車(BMW、NTTと提携)
本田技研工業(GM、グーグルと提携)
日産自動車(ルノー、三菱自動車工業と提携)
マツダ(トヨタと提携)
三菱自動車工業(ルノー、日産と提携)
スズキ(トヨタと提携)
いすゞ自動車(トヨタ、ボルボと提携)
SUBARU(トヨタと提携)
ダイハツ工業(トヨタ完全子会社)
日野自動車(トヨタグループ。いすゞと提携)

造船・重機

三菱重工業
川崎重工業
IHI(住友林業と提携)
三井E&S

※上記情報は2024年3月時点のもの。

【生活関連用品ー早分かり図】

化粧品

■国内
- 資生堂
- 花王 ←提携→ コーセー

■外資
- ロレアル(仏)
- ユニリーバ(英)
- エスティーローダー(米)
- プロクター・アンド・ギャンブル(P&G)(米)

トイレタリー

- 花王
- ユニ・チャーム
- ライオン
- アース製薬
- ユニリーバ・ジャパン ｝外資系
- P&Gジャパン ｝外資系

食品・飲料

- 日清食品ホールディングス
- 日清製粉グループ本社
- 山崎製パン
- 日本ハム
- ニッスイ(旧・日本水産)
- 味の素
- 明治ホールディングス
- サントリーホールディングス
- コカ・コーラ ボトラーズジャパンホールディングス
- 伊藤園

医薬品

■国内
- 武田薬品工業
- 第一三共
- エーザイ
- 大塚ホールディングス
- アステラス製薬
- 中外製薬(ロシュ傘下)
- 田辺三菱製薬

■外資
- ファイザー(米)
- ロシュ(スイス)
- メルク(米)
- アッヴィ(米)
- ジョンソン・エンド・ジョンソン(米)
- ノバルティス(スイス)
- ブリストル(米)

アパレル

- ファーストリテイリング(ユニクロ・ジーユー)
- しまむら
- アダストリア
- ワールド
- ワコールホールディングス
- 青山商事
- AOKIホールディングス
- オンワードホールディングス

※上記情報は2024年 3 月時点のもの。

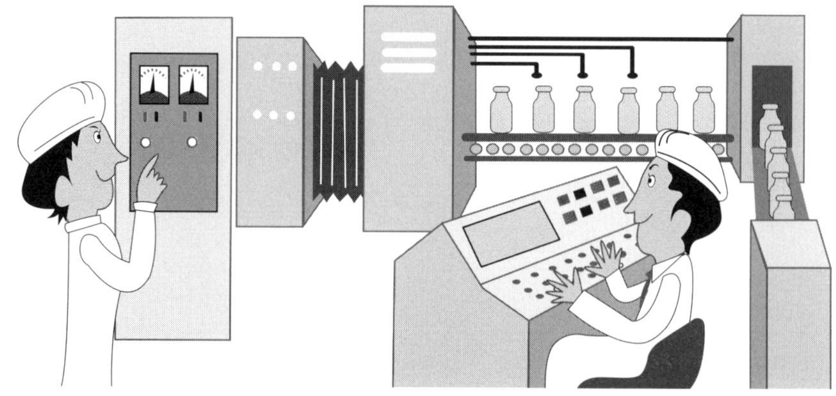

鉄鋼業界は自動車や建設の需要が業績に直結

■製造業の景気に大きく左右される

鉄鋼業とは、鉄鉱石などを原料として、自動車や電機機器の製造、造船、建築などに欠かせない鋼材を生産する産業。鉄鉱石をほぼ100％輸入しているため、為替変動の影響を受けやすく、製造業の景気にも業績が左右される。

現在は中国の景気減速により市況が悪化。国内市場も縮小に向かう中、海外展開が課題となる。2023年12月には日本製鉄の米鉄鋼大手の買収が話題となり、注目が集まっている。

政府が2050年までに温室効果ガス排出量を実質ゼロにする「脱炭素化」を掲げたのを受け、CO_2排出抑制が可能な水素製鉄法の開発も進めている。

非鉄金属業界は多角化戦略を推進

■電子材料など非製錬部門を強化

非鉄金属とは「鉄」以外の金属。銅・亜鉛・アルミニウムなどの「ベースメタル」と、特殊鋼や電子材料などに使われる「レアメタル」とに大別できる。

輸入した鉱石を地金にする「製錬」事業は、収益が相場に左右されやすい。そこで、各社は以前から多角化を推進。電気自動車（EV）向けの電池材料や半導体材料などの分野を強化してきた。「脱炭素化」に向けEVの普及が加速する今後は、関連製品の需要拡大に期待がもてる。

化学業界は高付加価値製品を開発

■基礎原料から多様な製品を生む

化学工業とは、原材料に対し、合成・分解・発酵反応といった化学変化を加えて製品を作る製造業のこと。１つの原材料から多くの商品が生まれる。

石油化学であれば、「ナフサ」（粗製ガソリン）をエチレン・プロピレンなどの基礎原料などに分解、そこからポリエチレン・フェノールといった素材が作られる。この素材を加工することで、プラスティックや合成繊維、塗料、化粧品、医薬品などの製品が生まれる。

石油化学汎用品は中国での生産が拡大しており、日本メーカーは半導体や自動車向け部材、繊維製品などが収益の柱。再生可能エネルギー関連、医薬品の製造受託、食品材料など異分野の新規事業にも乗り出しており、変革の真っただ中にある。

海外事業を強化するガラス・セメント業界

■ガラスは高付加価値品で差別化

ガラス産業には、板ガラス・容器ガラス・電気用ガラス・光学ガラスなどがある。海外勢の台頭で競争は厳しい。日本メーカーは断熱・遮熱効果が高いガラスなど高付加価値製品を強化。一方、ガラス事業を縮小し、化学品や医薬品事業を強化する企業もある。

■大手３社が占めるセメント業界

建築工事に欠かせないセメントは、

国内では大手3社がシェア8割を占める。業績は建築市況に左右される。

都市部の再開発の需要は堅調だが、資材高や人件費上昇で建設計画を見直す動きがあり販売が伸び悩む。アメリカやアジアの市場開拓も進めるほか、発電事業に乗り出す動きもある。

ゴム・タイヤ業界は、サービス事業も開発

■新興国向け自動車生産に対応

ゴム製品は、タイヤ・チューブ・ホース・ゴルフボール・工業用ゴム・衛生用ゴムなど幅広く、中小企業が多い。自動車タイヤは大手企業の寡占状態だが、中韓勢との低価格競争で苦戦。高付加価値化、メンテナンスサービス、EV向けタイヤなどを強化している。

タイヤにセンサーを付けて走行データを蓄積・分析し、保守や運行効率化に活かすサービスなども開発している。

海外や新規事業に乗り出す紙・パルプ業界

■「内需型」から脱し、輸出に注力

紙製品には、印刷用紙・情報用紙・包装用紙・新聞用紙などの「洋紙」と、段ボールを中心とする「板紙」がある。パルプとは紙の原料で、原木やチップを溶かして繊維質にしたものだ。

デジタル化が進み、印刷用紙の需要は低迷。今後は東南アジアでの段ボール需要、「脱プラスティック」の流れでの紙容器需要に期待を寄せる。木材パルプを原料とする次世代素材開発やバイオマス発電などの動きも見られる。

繊維業界では、高機能素材の開発により新しい市場を創出

■炭素繊維など産業資材用が拡大

石油を原料とするポリエステル・ナイロン・アクリルなどの「化学繊維」はアジア諸国での生産量が拡大し、国内生産量は大幅に減少している。各社は高機能繊維や産業用資材の開発、海外展開などの改革を行ってきた。

鉄の4分の1の軽さで10倍以上の強度をもつ「炭素繊維」、引っ張り強度や耐熱性が高い「アラミド繊維」などを自動車、航空機、建設などに供給。アパレルには機能性衣料用の素材も提供している。「脱炭素化」を背景に、風力発電や燃料電池自動車（FCV）向けの需要拡大に期待が高まる。

家電・AV業界は高機能製品、新興国向け製品に注力

■高機能の白物家電が好調

家電は大きく次の2つに分類される。

1つは、冷蔵庫・洗濯機・掃除機・電子レンジ・エアコンなど、「白物家電」と呼ばれる生活用家電。もう1つはテレビ・DVDレコーダー・ブルーレイレコーダー・ビデオカメラ・オーディオなどのAV機器で、「デジタル家電」「黒物家電」とも呼ばれる。

近年、白物家電の国内販売が好調に推移。低価格商品は中国・韓国メーカーが台頭しているが、国内メーカーは省エネ性能が高い商品など、新機能

の付加で勝負。共働き世帯が増える中、家事の短縮につながる「時短家電」、健康や美容関連の家電など、高付加価値・高価格商品の販売を伸ばしている。

■海外市場開拓、IoT商品開発が課題

長期的に見ると、少子化が進む国内市場は縮小していく。長期的に成長が見込める中国市場のニーズに合わせた製品開発・現地生産拠点整備への投資を加速させる動きがある。

また、今後も市場拡大が望める新興国に狙いを定め、現地のニーズに応じた製品開発に取り組んでいく。

あらゆるものがネットにつながる「IoT」商品の開発も進む。「AI（人工知能）家電」など、製品価値はハードからソフトへ移行。製品に内蔵したセンサーから利用者の動きのデータを収集し、それをもとに生活の利便性や快適性を高めるサービスを提供するなど、新たなビジネスモデル開発が進む。

■黒物家電はAI活用に活路

黒物家電の代表であるテレビは、スマートフォンやタブレット端末の台頭で需要が減少。中韓メーカーにもシェアを奪われた。しかし生成AIを搭載したスマートテレビなど、新たな競争軸で巻き返しの可能性が生まれている。

■家電以外の分野の事業を拡大

電機大手の業績や戦略には大きな差が生まれている。近年はソニーが「一人勝ち」状態。世界トップシェアを誇る画像センサーほか、ゲーム・音楽・映画・アニメの事業が相乗効果を発揮。電機会社からエンターテインメントに強い複合企業へと姿を変えた。

パナソニックは、住宅設備事業を拡大。一方、自動車・電子部品・ITサービスなどBtoB（企業向け）事業に注力する企業もある。自動車やエネルギーは成長分野として期待が高い。

電機大手はAIへの投資にも積極的。製品への搭載はもちろん、省エネにつながるシステム、生産現場での工程管理・品質管理、小売業の出荷量・在庫管理など幅広い分野での活用が見込まれるため、AI関連の開発拠点新設、人材の確保・育成を進めている。

海外メーカーが台頭するコンピュータ業界

■PC需要の回復に期待

パソコン（PC）分野では、インテル（米）とAMD（米）がCPU（中央演算装置）、マイクロソフト（米）がOSを独占。メーカーはその規格に従い組み立てるのが中心で、利益を高めにくい構図。また、世界市場では海外メーカーが圧倒的シェアをもつ。

スマートフォンやタブレットの台頭によりPC需要は低迷。しかし出社とテレワークを組み合わせた「ハイブリッド型」の働き方へのシフト、AI機能を搭載した新型PCの登場などにより、今後は市場が回復するとの予測もある。

用途が急拡大している電子部品・半導体業界

■独立企業が多いのが特徴

電子部品には、一般電子部品と半導

体がある。一般電子部品とは、コンデンサー（蓄電器）、モーター、コネクター、磁気ヘッドなど。半導体とは、ゲルマニウムやシリコンなどの半導体物質を利用した電子部品。半導体製品は、トランジスタやダイオードなどの「半導体素子」と、半導体集積回路（IC・LSI）に分かれるが、半導体といえば一般的に「集積回路」を指す場合が多い。集積回路にも、情報を記憶するメモリ（DRAMなど）、計算・情報処理機能をもつロジック（MPUなど）、音や画像をデジタル信号に換えるアナログ半導体（アンプなど）がある。

電子部品は、パソコン、通信機器、家電、自動車など、幅広く使われる。納品先が特定の業種に限られないため、「系列」に属さない独立企業も多い。中小規模ながら、世界で高いシェアを誇る企業も存在する。

■需給バランスが不安定

一般電子部品・半導体は、需給バランスの崩れや価格の変動など短期的に市況が変化しやすいのが特徴。過去には３～５年ごとに好況・不況を繰り返し、「シリコンサイクル」と呼ばれた。

近年は新たな分野へ用途が広がったことから、長期的に拡大する「スーパーサイクル」に入ったともいわれるが、市況の変動が大きい状況は変わらない。ここ数年でもデジタルトランスフォーメーション（DX）やコロナ禍でのテレワーク拡大で通信・情報端末向け需要が増加したかと思えば、2022年後半には世界的なインフレや中国の景気減退などを背景にPC・スマートフォン向け需要が失速。一方、自動車や産業機器向けの半導体は需要に対して供給が追い付かない状況が続いた。

当面は生成AI関連やEVに搭載するパワー半導体の需要が増加している。

2022年10月、岸田首相は日米による次世代半導体の共同開発などに1.3兆円を投じると表明。2022年11月には、NTTやトヨタ自動車など８社が出資し、次世代半導体の国産化をめざす新会社「ラピダス」が本格始動した。経済産業省は2023年度の補正予算案で半導体・生成AIに２兆円をあてるとし、国産化を後押ししている。最先端半導体工場の新設も進んでいる。

日本の精密機器業界は、世界トップレベルの技術を誇る

■オフィス機器が低迷。新分野を開拓

日本の精密機器メーカーは、世界的にも高い技術力をもち、デジタルカメラ、コピー機、プリンタの市場拡大を狙って高機能化を進めてきた。

デジタルカメラは、スマートフォンの高性能化に伴い市場が縮小したが、画像共有SNS「インスタグラム」への投稿の拡大を背景に、高機能機種「ミラーレス」の販売が堅調だ。

コロナ禍以降の在宅勤務拡大により、オフィス用事務機・消耗品の販売、メンテナンスサービスの収益は低下。デジタル化によるペーパーレス化が進む中、市場回復は厳しい。

各社は以前から新分野の開拓を進め

ており、医療機器や監視カメラなどの事業が伸びている。また、事務機を通じてビジネスソフトを提供するほか、地方自治体や中小企業向けのDX支援事業を強化する企業もある。

技術力、サポート力が世界で高く評価される機械業界

■受注を受けて生産する方式が基本

「機械業界」というと一般的に産業機械を指す。工作機械・建設機械・農業機械・産業用ロボットなどだ。

工作機械は、機械を作る機械であり、「マザーマシン」と呼ばれる。機械を削る・穴を開ける・溝を作る・丸くするといった加工を行う（旋盤・フライス盤・研削盤など）もの。日本は数値制御を行う「NC装置」、多様な切削加工を行う「MC（マシニングセンター）」を強みとし、性能や精度においては高い国際競争力を備えている。

建設機械とは、ブルドーザーや油圧ショベルなどの土木作業機械や、クレーンなどの建築作業機械。農業機械はトラクター、田植え機といった米作用機械が中心となる。

産業用ロボットは設定されたプログラムに従い、溶接・塗装・組立などの作業を行うもの。主流はアーム（腕）型の多関節ロボットで、日本のメーカーは世界トップレベル。また、生産ライン全体を自動化･効率化するFA（ファクトリーオートメーション）機器分野も成長を遂げた。

機械業界は多くの場合、注文を受けて生産する「多品種少量生産」を行っている。各社それぞれに得意分野をもち、中小規模の専業メーカーも多い。

■EV、省人化需要などが好調

現在は中国の景気低迷の長期化、欧米の金融引き締めなどを背景に、世界での設備投資が慎重になっている。そうした中でも、EV関連の設備投資は活発。工場の省人化の需要も高く産業用ロボットは好調を維持している。今後は半導体向けの需要も期待される。急拡大している「宇宙ビジネス」への参入を狙う企業もある。

一方、ロボット関連のスタートアップ（新しいビジネスモデルの創出や市場開拓などイノベーションをめざす企業）では、製造・物流・手術・介護・飲食店運営など、多様な分野の支援ロボットの開発が進んでいる。

建設機械は欧州やアジアでの販売が伸び悩む一方、インフラ投資が旺盛な北米での売上が好調。AIによる不具合の予兆分析・故障予防、遠隔監視など、サービスの拡充を図っている。

農業機械は世界での市場が拡大に向かっている。今後は自動運転の普及が本格化。ドローンや管理ソフトと組み合わせて「デジタル農業」の実現をめざす。

「CASE」で大変革期を迎える自動車業界

■世界的な環境規制に対応

日本国内では、少子化による人口減少、若者のクルマ離れが進んでおり、

長期的に見ても市場成長は期待できない。そこで、メーカー各社は北米やアジアなどの海外市場を開拓してきた。

トヨタ自動車グループは世界での新車販売台数で4年連続首位となっている。特に北米での販売が好調だ。

「売れ筋」は短期間で変化する。また、新興国では経済発展や国民の生活レベル向上に伴いニーズが刻々と変化していく。常に動向を見極めながらの商品開発、生産数調整が必要となる。

世界で環境保全意識が高まり、CO_2を排出しないエコカー（環境対応車）が進化。ハイブリッド車（HV）、電気自動車（EV）、燃料電池自動車（FCV）の3分野を主軸に開発が進められてきた。特にこの数年は、世界中で「脱炭素化」の機運がいっそう高まり、EV開発への投資が活発化している。日本では、政府が「2035年までに新車販売で電動車100%を実現」を掲げている。

トヨタなど各社は早期に、エンジンだけで走る自動車の販売をほぼゼロにすることをめざす。FCVはトヨタが世界に先駆けて市販を開始した。

■異業界も参入し「CASE」を競う

大変革期を迎える業界のキーワードは「CASE（ケース）」。Connected（つながる）、Autonomous（自動運転）、Shared＆Service（共有とサービス）、Electric（電動化）だ。

常時インターネットに接続している「コネクテッドカー（つながる車）」とは、AIがお勧めのドライブコースを案内する、歩行者を察知して注意を促すといった機能を備える車。技術面でもコスト面でも1社単独での開発は困難であるため、業種を超えた提携が活発化している。

「自動運転」の技術開発も進む。カメラやレーダーなどで周辺状況を把握し、対向車や歩行者の動きを検知してブレーキをかけるなど、交通事故の削減をめざす技術だ。

自動車メーカーにとってのライバルはもはや同業他社ではなく、グーグル

やアップルなどデータの蓄積・分析・活用技術をもつIT企業となっている。国内ではソニーグループとホンダが2022年9月に「ソニー・ホンダモビリティ」を設立し、2023年10月にEVの試作車を日本で初公開した。同社は車両販売だけでなく、車内で楽しむコンテンツで継続的な課金収入を得る「リカーリング」の事業モデルを展開する。

今後もソフトウェア技術をもつ異業種からの参入が進みそうだ。自動車メーカー自身もIT人材の獲得を強化している。

「モビリティー・アズ・ア・サービス（MaaS：マース）」という言葉のとおり、「移動サービスの提供」へと概念が変わった。車の「所有」へのニーズが低下する中、メーカーは定額料金制で車を乗り換えられるサービスや、カーシェアリングも手がけている。

■自動車部品も「CASE」対応へ

自動車部品メーカーの業績や事業戦略は、いうまでもなく完成車メーカーの生産計画に左右される。現在は「CASE」への対応に迫られて、研究開発費が乏しい中堅メーカーでは統合の動きも見られる。IT企業と手を結び、AIを活用した車載製品を共同開発する動きも活発。次世代半導体の国産をめざす新会社にも出資している。

一方、自動車向けに培った技術を活かし、自動車以外の領域に進出する企業もある。

造船・重機・プラント業界は、「環境」関連事業に注力

■「脱炭素」社会実現への貢献がカギ

大手造船・重機メーカーは、船舶・航空機・発電機・橋梁など、複数事業を併せもつ。造船業界は日中韓の3か国が世界シェアの9割を占める。日本は中国に首位を奪われたが、受注は好調だ。「脱炭素化」を背景に環境負荷が小さい船の需要が増加。日本の技術開発は世界をリードしている。

重工業・プラント分野では、「脱炭素化」の流れで火力発電設備事業に逆風。新たな収益の柱として、風力発電などの再生可能エネルギー、次世代エネルギー源となる「アンモニア」「水素」などの関連事業に注力。工場設備の保守点検や遠隔監視、故障の予兆検知といった「IoT」サービスも強化する。

政府の防衛予算増加を受け、防衛関連製品の売り上げが拡大。ほか、宇宙・防災・医療・農業などの新分野での新規事業開発も進んでいる。

新興国などでは、ガスや水処理などのインフラ整備事業も手がける。

化粧品・トイレタリー業界は付加価値製品、海外販売を強化

■新興勢が強さを見せる化粧品業界

メイク用品のほか、スキンケア、ヘアケアなど、美容目的の製品を送り出す化粧品業界。中堅・中小メーカーにも存在感の強い企業が多い。近年は、化学・繊維・医薬品・飲料など異業種

のメーカーが化粧品市場に参入する動きも活発だ。

各社の特徴はブランドはもちろん販売スタイルに表れている。「百貨店や専門店で対面カウンセリング販売」「ドラッグストア、スーパー、コンビニで陳列販売」「通信販売」などだ。近年はネット通販専用ブランドを強化する動きがめだつ。SNSでのプロモーションに長けた新興メーカーが勢力を拡大するのに対し、大手では遺伝情報や肌質に合わせて処方するなど「個人」向け専用商品の開発に力を入れている。

近年は中国での売り上げが大きく、メイク教室のオンライン配信、実店舗の現地FC展開、現地インフルエンサーの起用など、多様なプロモーションを展開してきた。ところが、福島第1原子力発電所の処理水放出の影響で日本製品の買い控えが広がり、中国事業が失速。各社は構造改革や米国市場の開拓を進めている。

■トイレタリーは健康分野を強化

洗剤・石鹸・制汗剤・入浴剤・生理用品など、清潔や衛生のための製品群は「トイレタリー」と呼ばれる。

市場は成熟しているが、消費者は価格にこだわらず、自分のライフスタイルにマッチした商品を選ぶ傾向が強くなっていることから、各社は付加価値の高い商品の開発に注力している。

コロナ禍を機に衛生や健康への意識も高まったことを受け、ヘルスケア分野を強化する動きも見られる。ペットケア商品も好調だ。

ニーズの変化に対応する食品・飲料業界

■商品開発のサイクルが短期化

食品業界には、製粉・製パン・製菓・食肉加工・加工食品（即席めん・冷凍食品・レトルト食品）・調味料など、幅広い分野がある。消費者ニーズが多様化しているため、新商品の開発サイクルを短期化する傾向が見られる。

現在は世界情勢の影響により原材料価格が高騰。各社は商品の値上げをせざるを得ない状況に追い込まれている。

近年、単身者世帯やシニア世帯の増加に対応し、「１～２人前」の商品の開発が活発化。働く女性が増える中、家事の時間短縮のため、半調理品や総菜用調味料、冷凍食品のニーズも高まった。「糖質オフ」など、健康に配慮した機能性食品の開発も活発だ。菓子・即席めんなど「ジャンク」といわれる領域でも、栄養バランスを気にする消費者を取り込むため「健康」を加味した開発を強化している。

また、食品の技術を応用しやすい医薬品事業や美容事業にも参入。大手企業では海外市場の開拓も進める。

■多品目を市場投入する清涼飲料

清涼飲料メーカーは商品開発のペースが速く、年間に多数の商品を投入するのが特徴。販売は天候に左右される部分も大きい。もともと利益率が低い業種だが、最近はトクホ（特定保健用食品）など付加価値のある高単価商品が利益増加に貢献する。

酒類では、酒税改定によるビール減税が追い風となり、各社はビール増産に動いている。

嗜好品は需要が短期で移り変わりやすい。AIシステムを導入し需要予測の精度を高めようとする動きもある。

開発領域・手法が変化する医薬品業界

■新分野の開拓にシフト

医薬品は、医師が処方する医療用医薬品と、薬局で販売される一般用医薬品（大衆薬）に分かれる。うち、医療用医薬品が医薬品の全生産高の８割以上を占める。新薬の開発には膨大なコストがかかるため、世界的にメーカー同士のM&Aや提携が活発な業界だ。

医療用医薬品の開発の主流は、化学合成から、人間の体内の分子を応用する「バイオ医薬品」へ移っている。患者の体外で培養した細胞や組織を使って患部や欠損を修復する「再生医療」や、体に特別な機能をもつ遺伝子を投与する「遺伝子治療薬」など、成長が見込める分野では新興企業での研究が先行。そうしたバイオベンチャーと大手企業が提携する動きもめだつ。

また、AIを使うことで有効成分・処方の早期発見が可能になった。新薬開発の速度向上に期待が寄せられる。

ブランド力強化が課題となるアパレル業界

■「SPA」型企業が存在感

アパレルとは衣料品のこと。メーカーの業態は多様で自社ブランドをもつほか、海外ブランドと契約して製造・販売を担う企業もある。大手スーパーなどのPB（プライベートブランド）の製造を請け負う「OEM」もある。

存在感が強いのは、「ユニクロ」を展開するファーストリテイリングに代表される「SPA（製造小売業）」。自社ブランドをもち、素材調達から企画、製造、物流、販売、在庫管理まで、自社で一貫して管理する業態だ。ブランド力を確立した企業は海外にも展開している。

一方、旧来型の大手アパレルは低迷が続き、「非衣料」事業を開拓している。

こぼれ話

海外展開が進むメーカーでは語学力が重要に

業種や企業規模を問わず、語学力を必要とする場面が増えている。国内市場は成長が見込めず、新興国をはじめ海外市場への展開が加速しているためだ。新卒採用において英語力を応募必須条件に設定する企業も出てきている。また、新卒採用で外国人比率を高める動きも広がっており、社員同士の連携のためにも、語学力の有無は重要なポイントだ。今後キャリアアップをめざすなら、また、転職時の選択肢を増やすためには、語学力を磨くことがますます重要になっていくだろう。

IT・通信・インターネット

「クラウド」「AI」「IoT」を活用し、DX（デジタルトランスフォーメーション）を推進

【早分かり図】

ソフトウェア

■外資

マイクロソフト(米)(OS)
(NEC、メタ・プラットフォームズ、P&Gなどと提携)
アップル(米)(OS)
オラクル(米)(データベース)
SAP(独)(ERP)
アドビ(米)(グラフィック)

提携　提携

■国内

トレンドマイクロ
オービック
ジャストシステム
ミロク情報サービス(オリックスと提携)
サイボウズ(リコーと提携)

情報サービス

■通信・メーカー系

NTTデータ(マイクロソフト、りそなホールディングスと提携)
BIPROGY
日立システムズ
日立ソリューションズ(損害保険ジャパンと提携)
富士通Japan

■独立系

富士ソフト(TOPPANと提携)
TIS
大塚商会
トランス・コスモス

■商社系

伊藤忠テクノソリューションズ(日立システムズと提携)
SCSK(NECと提携)

■ユーザー系

野村総合研究所(日本生命と提携)
日鉄ソリューションズ
電通国際情報サービス(ISID)

コンサルティング

アクセンチュア(マイクロソフト、アップル、グーグル、NTTドコモ、資生堂などと提携)
フューチャー
シンプレクス・ホールディングス
アビームコンサルティング(NEC完全子会社)

※上記情報は2024年３月時点のもの。

お役立ち情報　IT・通信・インターネットの業界研究は次のキーワードで検索。「IT　業界　動向」「通信　業界　動向」「通信　市場　動向」「インターネット　業界　動向」

【早分かり図】

通信

NTTドコモ(携帯電話。アマゾン、メルカリ、三菱UFJ銀行などと提携)
NTT東日本(固定電話・インターネット)
NTT西日本(固定電話・インターネット)
} NTT完全子会社

NTTコミュニケーションズ(固定電話・インターネット。NTTドコモ完全子会社)
KDDI(携帯電話・固定電話・インターネット。三井物産、トヨタ自動車、富士通、楽天グループ、ネットフリックス、大和証券グループ本社、東京電力、ローソンなどと提携)
ソフトバンクグループ(携帯電話・固定電話・インターネット。トヨタ自動車、本田技研工業、みずほフィナンシャルグループ、アイリスオーヤマ、ドイツのテレコムなどと提携)
楽天モバイル(携帯電話)

インターネット

■プロバイダー
OCN(NTTコミュニケーションズ)
au one net(KDDI)
Yahoo!BB(ソフトバンクグループ)
@nifty(ニフティ。ノジマ完全子会社)
BIGLOBE(ビッグローブ。KDDI完全子会社)
So-net(ソニーネットワークコミュニケーションズ。ソニー完全子会社)

■情報検索・ポータルサイト
ヤフー(ソフトバンクとネイバーが出資する、中間持株会社Aホールディングス傘下のZホールディングス完全子会社から、2023年10月にLINEなどと合併してLINEヤフー株式会社に)
グーグル(アルファベット子会社)
MSN(日本マイクロソフト。ソフトバンクグループ、NTTコミュニケーションズ、日立製作所、ローソンなどと提携)

■ショッピング・専門型サイト
楽天グループ(日本郵政、電通グループ、博報堂DYホールディングスなどと提携)
アマゾンジャパン
クックパッド(ローソン、ファミリーマートなどと提携)
楽天ぐるなび
ZOZO(Zホールディングス子会社)
メルカリ(ヤマトホールディングス、丸井と提携)

SNS・スマホ向けコンテンツ／決済サービス

X(旧ツイッタージャパン)
バイトダンス
ディー・エヌ・エー(三菱自動車、小学館と提携)
フェイスブックジャパン
MIXI(ハブと提携)
グリー
LINE(Aホールディングス傘下のZホールディングス完全子会社から、2023年10月にヤフーなどと合併してLINEヤフー株式会社に)
PayPay(ソフトバンクとZホールディングスが折半出資する、中間持株会社Bホールディングス子会社)

※上記情報は2024年 3 月時点のもの。

クラウドサービスが広がるソフトウェア業界

■スタートアップが台頭

「ソフトウェア」とは、コンピュータを動作させるためのプログラムや、命令を記述したデータを集積したものを指す。システムを動かす基本ソフトが「OS（オペレーティング・システム）」。パソコンやスマートフォンが動作するための基盤となる機能を提供するもので、Microsoft Windows、MacOSをはじめ、iOS、Linux、Androidなどがこれにあたる。

特定の機能や目的をもって使用されるのが「アプリケーションソフト」。ワープロソフト、表計算ソフト、電子メールソフト、画像編集ソフトなどを代表格として様々な種類がある。中小メーカーも多く、会計・人事・生産管理といったビジネス向けソフトに強い会社、ゲームソフトに特化した会社など、それぞれの強みをもつ。

近年は、あらゆる事業領域に最新テクノロジーが導入されている。金融領域のFinTech、人材領域のHRTech、教育領域のEdTechなど。こうした「○○Tech」を強みとして独自のアプリケーションを提供するスタートアップ（新しいビジネスモデルの創出や市場開拓などイノベーションをめざす企業）が台頭している。

■SaaS型のサービスが急拡大

近年、IT分野で急拡大したのが「クラウドコンピューティング」。サーバーやアプリケーションソフトを、必要なときに必要な機能だけ、インターネット経由で利用する形態だ。

クラウドによって提供されるアプリケーションソフトは「Software as a Service／SaaS（サース）」と呼ばれ、市場を大きく伸ばしている。先に述べた「○○Tech」のサービスは、多くがSaaSだ。コロナ禍でのテレワーク拡大で需要が伸び、業務管理ソフト、会計ソフト、ビジネスチャットなどを手がけるスタートアップのSaaS企業が急成長を遂げた。

SaaS型ビジネスでは、契約の長期継続が収益につながる。顧客が自社サービスをうまく活用し続けられるようにサポートするため、「カスタマーサクセス」と呼ばれる新たな職種が登場。採用が増加している。

■「生成AI」が急速に普及

AI（人工知能）が急速に進化。2023年は「生成AI」が注目を集め、活用が広がった。AIとは学習された大量のデータから答えを導き出すものだが、生成AIはデータをもとに新たな文章・画像・音声・動画などを自動作成するもの。代表格が「ChatGPT」だ。

あらゆる業種の企業が業務効率化やサービスの品質向上に向けて生成AIの活用に乗り出しており、開発競争が活発化している。政府も国産生成AIの開発を支援しており、総務省は2023年度補正予算案に100億円を計上した。

生成AIの拡大に伴い、著作権侵害、偽情報の拡散、詐欺といった犯罪のリスクも高まるため、ルール整備も課題となっている。

■「メタバース」の導入も

VR（仮想現実）、AR（拡張現実）、SR（代替現実）などの技術も商用化。360度方向から映像が見られ、臨場感を味わえるVR技術は、ゲームなどのエンターテインメントのほか、教育、医療、旅行、建築など幅広い分野で活用が進んでいる。

インターネット上の仮想空間「メタバース」は、自分の分身キャラクター「アバター」で仮想空間に入り、様々な活動や他者とのコミュニケーションができるもの。たとえば金融業界ではメタバース上で保険や資産運用の相談に応じるなど、ビジネスにも導入されており、今後の進化が期待される。

システム開発から運用まで幅広く担う情報サービス業界

■ピラミッド構造のSIer

情報システムの開発・運用・保守を行うのがシステムインテグレーター。略して「SIer（エスアイアー）」と呼ばれる。官公庁や企業から直接依頼を受ける「元請け（1次請け）」のSIerを頂点に、2次請けSIer、3次請けSIerへと仕事を流すピラミッド型の構造となっている。また、システム関連の業務にエンジニアを派遣する「SES（システムエンジニアリングサービス）」と呼ばれる業態もある。

SIerは大きく「ユーザー系」「独立系」に分かれる。「ユーザー系」は、大手企業の情報システム部門を独立させた会社で「システム子会社」などとも呼ばれる。親会社とそのグループのシステムに関する業務を担うが、独自の技術とノウハウを活かし、グループ外の顧客を開拓している企業もある。

一方、「独立系」はあらゆる企業と取引を行う。大手は「金融」「流通」「製造」など幅広い領域を手がけるが、中堅以下のSIerはいずれかの領域に特化しているケースが多い。

■「DX」支援のニーズが継続

企業のIT投資には波があるが、近年は非常に活発化している。あらゆる業種の企業がデジタルトランスフォーメーション（DX）に取り組んでいるためだ。DXとはデジタル技術やデータを活用し、業務プロセスを効率化したり、新たなサービスやビジネスモデルを生み出したりする取り組みを指す。コロナ禍でのテレワーク拡大を機に加速した。

人手不足や働き方改革を背景に、企業では定型のデスクワークを自動化する「RPA（ロボティック・プロセス・オートメーション）」を導入するなど、省力化・効率化を図っている。さらに進んでいる企業は、デジタルを活用した新規事業開発に取り組む。生成AIの活用ニーズも高まってきた。SIerはそうした企業の変革の推進を支援している。

DX推進においては、これまでの事業活動を通じて自社内に蓄積された様々な「データ」の活用が課題となる。

データ解析・活用を担う「データサイエンティスト」「データアナリスト」のニーズが高いが、データを扱う専門人材はまだまだ不足。各社は人材の獲得・育成を強化している。

■「IoT」の事業化に取り組む

今、各業界が注目しているのが「IoT (Internet of Things)」。「モノのインターネット」などと呼ばれ、家電、住宅、自動車、設備などあらゆるものにセンサーが組み込まれ、インターネットにつながる状態を指す。さらに膨大なデータの収集・分析が可能になり、それを利用した新たなサービスの可能性が注目されている。

2020年に次世代移動通信システム「5G」が日本で商用化されたが、2030年前後の実用化に向けた「6G」の開発競争も始まっている。通信の進化に伴い、IoTの開発も進む。

通信業界では「非通信事業」を強化へ

■4大キャリアが競う

通信業界は、スマートフォンを中心とする携帯電話事業が主戦場となっている。自ら通信設備をもつ事業者は「キャリア」と呼ばれる。長年、NTTドコモ、KDDI (au)、ソフトバンクの3キャリアの寡占状態が続いたが、2020年には楽天モバイルが新規参入。ほか、通信業者から回線を借りて通信サービスを行う「仮想移動体通信事業者 (MVNO)」が格安スマホを提供している。価格競争が激化し「元3大キャリア」もサービスを限定した格安プランを拡充している。

■新たな収益源の開拓へ

通信各社は通信以外の収益源として、スマートフォンを活用した各種サービス、動画・雑誌・ゲームなどのコンテンツ配信、ECなどを幅広く手がける。

KDDIは「ライフデザイン企業への変革」を掲げ、金融サービス・保険・エネルギー・物販・教育など幅広い分野に進出。ソフトバンクもスマホ決済や配車など異業界との協業を展開してきており、今後は国内最大級の能力をもつ生成AIの開発に取り組む方針だ。

NTTグループは、AIや量子コンピュータの研究所を北米に設けたり、IT大手と次世代インターネット技術「Web 3」の開発で手を結んだりと、先端技術に投資。最近は自動運転事業や証券業にも参入している。

インターネット業界では、SNSの成長が業績を牽引

■大手企業が多角的に展開

インターネットサービスの中核にあるのが、ポータルサイトや検索エンジンなどを運営する企業。総合的にサービス展開するヤフー、検索エンジンNo.1のグーグル、ショッピングモール大手の楽天、アマゾンなどが代表格だ。

ネット大手各社は強い集客力を活かし、広告収入を得ると同時に、金融やエンターテインメントなど様々な異業種と提携してサービスを展開している。

ネット上でのユーザーの動きや購入

履歴などの蓄積データをもとに、個々のユーザーに合う商品やコンテンツを提供するサービスを競っている。

■SNSにトレンドの変化

Web上で社会ネットワークを構築し、つながった人とのコミュニケーションをとれる「SNS（ソーシャル・ネットワーキング・サービス）」。その勢力図が変化している。国内SNSアプリ最大手の「LINE」にかげりが見え、ショート動画で人気が高まった「TikTok」の利用者が急増。若年層を中心に、友人との連絡にLINEではなく、「TikTok」や「Instagram」のDM（ダイレクトメッセージ）を使う傾向が強まっている。

2021年にヤフーとLINEが経営統合して「Zホールディングス」が誕生したが、2023年10月にはさらに再編を行い「LINEヤフー」が発足。相乗効果を高める道を探る。

■専門型サイトから新ビジネスへ

テーマや機能をしぼった専門型サイトも多様。飲食店情報・不動産情報・宿泊施設予約・価格比較・料理レシピ・アパレル通販・求人・フリーマーケット・スキルシェア・動画投稿など、各分野に専門サイト運営会社がある。

一般ユーザーに情報・サービスを提供するほか、自社に蓄積されたユーザー動向の分析データを活用し、そのユーザーを顧客とする業界にマーケティングツールとして提供する企業もある。

■ネット広告がシェアを伸ばす

ネット広告の市場規模が急成長し、2021年からは既存4大メディア（テレビ・新聞・雑誌・ラジオ）を合わせた広告費を上回った。特に、スマートフォン向け動画広告が伸びている。

広告出稿先はユーザー数に左右される。現在、若年層向けの広告掲載では「TikTok」や「YouTube」が選ばれる傾向が強くなっている。

ネット広告業界には大手広告代理店の系列会社をはじめ、成果報酬で動く独立系企業も多い。新たな技術・手法の提案力が勝敗のカギを握る。

こぼれ話　SIerから事業会社への転職が増加

SIerでシステムエンジニア（SE）、その上位職であるプロジェクトマネージャーなどの経験を積んだ後、ITコンサルティングファームや事業会社のシステム部門に転職する人は多い。SIerやITコンサルティングファームは事業会社のシステム開発・運用を支援するが、最近、事業会社が自社のシステム部門の人材を増強し、「内製化」を図る動きが活発化している。コロナ禍を機に、あらゆる業界の事業会社がデジタルトランスフォーメーション（DX）に本腰を入れており、SIerやITコンサルティングファームから人材を迎え入れている。

金融

「フィンテック」で業界構造が変わる。個人マネーの取り込み競争がさらに激化

【早分かり図】

銀行

■メガバンク
三菱UFJフィナンシャル・グループ（リクルートと提携）
三井住友フィナンシャルグループ（SBIホールディングス、NTTドコモ、マイクロソフト、カルチュア・コンビニエンス・クラブと提携）
みずほフィナンシャルグループ（グーグル・クラウド・ジャパン、LINEと提携）

■準大手の銀行・地方銀行など
あおぞら銀行　SBI新生銀行
東京スター銀行（台湾のCTBC Bankが全株式をもつ）

■大手銀行
ゆうちょ銀行（大和証券と提携）
三井住友信託銀行（三井住友トラスト・ホールディングス）
りそな銀行（りそなホールディングス。関西みらいフィナンシャルグループを完全子会社化）

■流通系銀行・インターネット銀行
セブン銀行　楽天銀行
住信SBIネット銀行（住友信託銀行、SBIホールディングスなどが出資）
イオン銀行（マネックス証券と提携）
PayPay銀行（Zフィナンシャル、三井住友銀行などが出資）

証券

■国内大手
野村ホールディングス（野村證券。LINEと提携）
大和証券グループ本社

■外資系
ゴールドマン・サックス証券
BofA証券（バンク・オブ・アメリカ）
モルガン・スタンレーMUFG証券

■銀行系
三菱UFJモルガン・スタンレー証券
みずほ証券
SMBC日興証券（三井住友フィナンシャルグループ完全子会社）

■ネット系
SBI証券
楽天証券（楽天証券ホールディングス）
auカブコム証券（三菱UFJ証券ホールディングス、auフィナンシャルホールディングスが出資）
松井証券
マネックス証券（NTTドコモと提携）
GMOクリック証券

※上記情報は2024年３月時点のもの。

→お役立ち情報　金融の業界研究は次のキーワードで検索。「金融　業界　動向」「金融　規制　緩和」「金融　法改正」「金融　業界　再編」「金融　業務　停止（改善）」

【早分かり図】

生命保険

■国内大手
かんぽ生命(三井物産、第一生命と提携)
日本生命
(あいおいニッセイ同和損害保険と提携)
第一生命ホールディングス
(ディー・エヌ・エー、楽天生命と提携)
明治安田生命
住友生命 ← 提携 → メットライフ生命
T&Dホールディングス(太陽生命+大同生命+T&Dフィナンシャル生命) → エヌエヌ生命
東京海上日動あんしん生命

■外資系
プルデンシャル生命
ジブラルタ生命
PGF生命
(以上、プルデンシャル・ホールディング・オブ・ジャパン)
メットライフ生命
アフラック生命
(日本郵政、第一生命などと提携)
アクサ・ホールディングス・ジャパン
(日本生命、住友生命と提携)
エヌエヌ生命
マニュライフ生命

損害保険

■国内大手
東京海上ホールディングス
(東京海上日動火災保険)
MS&ADインシュアランス グループ ホールディングス(三井住友海上火災保険+あいおいニッセイ同和損害保険)
SOMPOホールディングス(損害保険ジャパン。ディー・エヌ・エーと提携)

■外資系
AIG損害保険
アメリカンホーム医療・損害保険
ジェイアイ傷害火災保険
(以上、AIGジャパン・ホールディングス)
アクサ・ホールディングス・ジャパン
(アクサ損害保険)

ノンバンク

■クレジットカード
三井住友カード
(住友生命、メディケア生命、ライフネット生命と提携)
ジェーシービー
イオンフィナンシャルサービス
クレディセゾン(大和証券グループ本社と提携)
楽天カード
三菱UFJニコス
(三菱UFJフィナンシャル・グループ完全子会社)
オリエントコーポレーション(みずほ系)

■消費者金融
アコム(三菱UFJ系)
SMBCコンシューマーファイナンス
(プロミス。三井住友系)
アイフル

■リース
オリックス(ディーエイチシーを子会社化)
三井住友ファイナンス&リース
三菱HCキャピタル
(三菱UFJ・日立製作所系)

※上記情報は2024年3月時点のもの。

構造改革を加速させる銀行業界

■手数料収入が収益の柱に

企業や個人を対象に、預貯金の受け入れや貸し出しを行う銀行。「銀行」と呼ばれている機関には、都市銀行(都銀)、地方銀行（地銀)、第2地方銀行(第2地銀)、信託銀行、信用金庫（信金)、信用組合（信組）などがある。

都市銀行は、三菱UFJ、三井住友、みずほの3大メガバンク（巨大総合金融会社）体制。1990年代後半以降は、インターネット専業銀行も台頭した。当初ネット銀行は個人向けが中心だったが、法人の利用も伸びている。

流通業界からもイオン、セブン、ローソンなどが銀行業に参入。買い物時につく「ポイント」などを活用し、顧客を囲い込んでいる。

金融は大きく「間接金融」と「直接金融」に分かれる。間接金融は、金融機関が預金者から預かったお金を企業などに貸し付け（融資)、利息を取るしくみ。直接金融は、企業が株式公開、社債発行を行い、株式市場（投資家）から直接資金を調達するしくみだ。

銀行の本来業務は「間接金融」だが、90年代以降、多くの企業が間接金融から直接金融へ移行した。そこで銀行は、規制緩和の波に乗り、投資信託や保険商品の販売、証券仲介などへ業務を拡大。それらを取り扱うことによる「手数料収入」が収益の柱となった。

海外企業を買収して海外展開を図る企業、新規事業開発のため他社の技術などを取り入れたい企業、後継者がいない企業などが増えているのを背景に、M&Aの支援にも力を入れている。

一方で、個人客を対象とするのが「リテール」部門。これまでは投資信託・保険商品などの販売、富裕層を対象とする資産の長期運用コンサルティングを中心に手がけてきた。

現在注目されるキーワードは「貯蓄から投資へ」。政府は老後の資産形成を後押しする「NISA（小額投資非課税制度)」の制度拡充を進めている。これを受け、銀行は個人客を資産運用へ誘導する動きを加速。ネット銀行もネット証券などと提携して独自サービスの展開に乗り出している。

ネット取引の普及により、店舗は削減、対面窓口は縮小されている。

■新たな収益源の開拓、店舗再編へ

メガバンクは構造改革を進めてきた。背景にあるのは「マイナス金利政策」「ITの進展」だ。日銀が行う「金融緩和」(景気を刺激して物価の安定を図る策)によって金利が引き下げられ、国内の融資事業の利益率は低迷が続いた。

そこで、海外のインフラ事業に投資するファンドの設立、取引先企業のデジタルトランスフォーメーション(DX）支援など、安定収益を確保できる分野を開拓。最近は「サステナビリティ（持続可能性)」の意識が世界的に高まり、環境（Environment)、社会（Social)、企業統治（Governance）への取り組みを重視して投資を行う

「ESG投資」が増加。銀行は企業のサステナビリティ施策を支援するコンサルティングも強化している。

今後は、政府が企業に対し「人的資本（個人がもつ知識・技能・能力・資質などを資本とみなすもの）」の情報開示を義務化していく方針を示していることから、人的資本経営施策への助言サービスにも乗り出している。

■「フィンテック」が本格化

金融業界に変革をもたらすのが「フィンテック」。「金融(Finance)」と「技術（Technology)」を融合した技術革新を指す。スマートフォンでの決済や個人間送金、AI（人工知能）による投資情報分析、個人資産の自動運用、資産データの一括管理など、多様なサービスが登場。これらを仕掛けるスタートアップ企業（新しいビジネスモデルで市場開拓する新興ベンチャー企業）が存在感を増している。メガバンクはフィンテック企業とも提携し、銀行機能を有力企業に提供している。

■地方銀行は地場中小企業を支える

特定の地域に根ざし、地場の中小企業や個人を対象に取引を行うのが地銀、第2地銀、信用金庫など。地域の中小企業を支える重要な金融インフラであり、近年では経営課題解決や人材確保への支援なども手がけている。

経営状況は厳しく地銀同士の統合が相次ぐ。しかし、地銀は地場企業を支える重要な存在だ。金融庁は銀行法を改正し、地銀が新たなビジネスに進出しやすいよう規制緩和へ動いている。

個人投資家の囲い込みにしのぎを削る証券業界

■「直接金融」市場の仲介役を務める

銀行の項で述べたように、企業が株式や社債を発行し、市場（投資家）から直接資金調達することを「直接金融」という。直接金融において、株取引の仲介役を務めるのが証券会社だ。

証券会社は、企業の上場や新たな株式発行にあたり、その株式を引き受けて投資家に売り、「引受手数料」を受け取る。また、顧客である投資家から注文を受けて、株の売買を仲介し、「株式売買委託手数料」を受け取る。

そのほか、証券会社は自己資金で株式の売買を行い、売買益を得ている。こうした株・債権の売買業務を「トレーディング」という。ほか、M&A案件の増加を受け、関連する財務コンサルティングにも力を入れている。アジア地域や欧州での海外事業も進める。

■個人資産の運用サービスを拡充

近年、個人投資家が増え、投資信託の販売が拡大している。コロナ禍で在宅時間が長くなった期間中に、口座を開設して投資を始める人が増加した。2024年1月に新たなNISAがスタートして注目が高まる中、30～50歳代の現役世代に長期資産形成を促し、顧客層の拡大を狙う。

ネット証券も口座数を伸ばし、売買仲介から資産運用へのサービスモデル転換で、新たな収益源の確立をめざす。AIを活用し、個人の売買のクセなどを解析して売買タイミングを助言するなどのサービスも広がっていくだろう。

販売チャネル・スタイルが多様化した保険業界

■新分野の商品開発で勝負

生命保険は、契約者から保険料を受け取り、死亡時や入院時などに保険金を支払う保険のこと。近年は、少子高齢化を背景に死亡保障商品のニーズは低下し、がん保険・医療保険・介護保険などが伸びている。長生きに備える年金保険、相続対策など新たなニーズも生まれている。

生保の営業手法は多様化している。一昔前はセールスレディが職場や家庭を訪問する活動が主だったが、現在は「店舗や相談カウンターで来客に対応」「代理店を開拓し、経営を支援」などの営業活動が定番化した。医療保険・がん保険などはインターネット販売も伸びている。

「保険ショップ」は、複数の保険会社の商品を扱い、来店客に合わせて提案するモデルだ。「様々な会社の商品を比較して自分に合う保険を選びたい」というニーズに応えている。

また、インターネットバンキングサービスに乗り出した企業もある。老後に必要な金額の資産、金融商品の申し込みなどのサービスを提供する。

生保事業との相乗効果を見込み、介護企業を買収してライフケア事業の拡大を図る企業もある。

■損害保険は海外市場を開拓

損害保険は、契約者が事故やトラブルにあったとき、損失を補償する保険。

大きく分けると「火災保険」、「自動車保険」、ケガや交通事故に対応する「傷害保険」、第三者に対する賠償リスクに備える「賠償責任保険」など。法人向けには、業種独特のリスクをカバーする様々な種類の保険がある。景気はもちろん、自然災害の発生状況により収益が大きく左右されるのが特徴だ。

自動車保険などは、ネットでの直販を行う企業が勢力を伸ばしている。大手各社はネット企業と提携し、ネット向けの保険商品開発に取り組んでいる。

メタバース（仮想空間）での個人向け販売もスタート。アバターを使って顧客と販売員が対話しながら契約できるという、ネット通販と実店舗を融合させた販売手法にチャレンジしている。

代理店の顧客対応に、生成AIを導入する取り組みも見られる。

今後、人口も自動車も増え、保険需要が拡大する新興国へも展開。住宅リフォームや介護施設運営、高齢者の認知症予防サービスなど、異分野の事業を強化する企業もある。

■「インシュアテック」が加速

生保・損保分野ともに、保険（インシュアランス）とテクノロジーを融合させた「インシュアテック」の流れが加速。業務効率化の手段として活用が始まったが、今後は商品やサービスの開発にも取り入れられていく。

たとえば、ウェアラブル端末で取り

込んだ「運動データ」から病気の発生率を算出して保険料を変える医療保険、事故などのデータをベースに、個人のリスク特性に応じて保険料を変える損害保険など。「個人」に対応する商品開発が加速しそうだ。

提携で収益拡大を図る カード・消費者金融業界

■クレジットカードの用途が拡大

現金がなくても、支払いを後回しにして品物やサービスを手に入れられる決済システム「クレジット」。クレジットカード会社は、消費者の支払能力を審査（信用調査）し、承認された人が加盟店で商品やサービスを購入した際、一時的に代金を立て替える。収益源は、加盟店から支払われる手数料と、消費者から支払われる分割払い手数料のほか、キャッシングの利息が中心。信販・銀行・流通・メーカーなど、様々な業種がカードを発行している。

現在はキャッシュレス化の波に乗り、スマホ決済サービスなどとの業務提携により収益拡大を図る。インターネットやスマートフォンアプリを通じた損害保険・生命保険の販売にも参入している。

一方、個人客に融資を行うのが「消費者金融」。ローン利用の促進・審査・回収を行い、金利が収益となる。近年はスマートフォンでの申し込みが主流に。新規申し込みにおいてLINE系のクレジットサービスが既存大手企業を上回り、勢力図が変化している。

設備投資計画に左右される リース業界

■海外事業を拡大へ

リース業とは、企業に機械設備などを長期契約で貸し出し、リース料を受け取る業態。銀行系、商社系、メーカー系、独立系のリース会社がある。

対象物件は、情報関連機器・工作機械・土木建設機械・医療用機器・商業用設備など、幅広い。利用側にとっては、低コストで設備を導入し、メンテナンスも受けられるメリットがある。

企業の「DX」「脱炭素」の支援を強化する動きも見られる。

こぼれ話

多くの企業がM&Aの可能性を探る

近年、M&A（企業の合併・買収）が活発化している。目的は様々で、力のある企業がさらなる拡大のため同業他社を買収するケース、新分野に参入するためにその分野の有力企業を買収するケース、海外進出にあたり現地企業を買収するケース、経営者の高齢化などで事業継承が難しい企業を他社が引き受けるケースなどがある。将来、自分の会社がM&Aの当事者となるかもしれない。グローバル化が進む中、その相手が外資系の可能性も大。こうした点からも語学力は重要といえそうだ。

エネルギー

政府が掲げる「脱炭素社会」の実現に向け
再生可能エネルギー事業が加速

【早分かり図】

石油

■元売り
ENEOSホールディングス(三菱商事と提携。ジャパン・リニューアブル・エナジーを子会社化)
出光興産(東亜石油を完全子会社化)
コスモエネルギーホールディングス(キグナス石油と提携)

■開発
INPEX
富士石油
太陽石油
石油資源開発

電力

■大手10社
東京電力ホールディングス(東京電力パワーグリッド)
関西電力(岩谷産業と提携)
中部電力(KDDI、岩谷産業と提携)
北海道電力(ユアスタンドと提携)
東北電力
北陸電力
中国電力
四国電力
九州電力
沖縄電力

■送電事業者
電源開発送変電ネットワーク(電源開発/J-POWER完全子会社)

■特定送配電事業者
イーレックス(ENEOS、東京電力などと提携)
住友共同電力(東京ガスと提携)
三井不動産TGスマートエナジー(三井不動産・東京ガス系)

ガス

■大手4社
東京ガス(関西電力と提携)
大阪ガス(中部電力と提携)
東邦ガス
西部ガスホールディングス(JCOMと提携)

■異業種から参入
ジクシス(コスモエネルギーホールディングス・出光興産・住友商事系)
アストモスエネルギー(出光興産・三菱商事系)

■準大手・中堅
日本ガス(ニチガス)　静岡ガス　北海道ガス　京葉ガス

※上記情報は2024年3月時点のもの。

→お役立ち情報　エネルギーの業界研究は次のキーワードで検索。「エネルギー　業界　動向」「エネルギー　業界　参入」「エネルギー　業界　就職」

国内需要が縮小する石油業界。新たな事業領域の開拓へ

■「脱炭素」方針を受け事業転換

石油事業は、油田開発・原油採掘などの上流部門と、原油の精製・販売などの下流部門に分かれる。上流を握るのは欧米の石油メジャー（国際石油資本）や中東諸国で、日本の石油会社の事業は下流が中心。原油を輸入に頼り、原油価格の変動に業績が左右される。

2020年、日本政府は2050年までに温室効果ガス排出をゼロにする「脱炭素」を宣言。ガソリン車が規制対象となり、石油需要は先細り。石油元売り各社は事業構造の変革に迫られている。

太陽光や風力など自然の力によって半永久的に利用できる「再生可能エネルギー」事業に積極投資する企業がある一方、次世代燃料として注目されるアンモニア、燃料電池自動車（FCV）の燃料として使われる「水素」、持続可能な航空燃料（SAF）、バイオマス燃料などの事業に取り組む企業もある。

「自由化」以降、競争が激化した電力・ガス業界

■電気・ガスが相互に参入

電力分野では、電気料金の抑制を目的として2000年から段階的に自由化が進められ、2016年には一般家庭や小規模店舗も小売自由化の対象となった。

この流れで、自家発電している工場から余剰電力を購入して安価で販売したり、自前で太陽光発電施設などを運営したりする「新電力」と呼ばれる企業が続々と参入。しかしここ数年、市場価格や燃料価格の変動が激しく、新電力企業は淘汰が進んでいる。

ガスの小売も2017年に全面自由化された。大手電力会社はガス販売事業、大手ガス会社は発電事業を手がけるなど、相互に参入している

電力・ガス業界ともに再生可能エネルギー事業も強化している。日本政府は再生可能エネルギー比率の向上を目標とし、事業者に出資。中でも「洋上風力発電」が有望視され、幅広い業種が参入している。

電力・ガスの完全自由化によってシェアを奪われた大手は、他地域に進出するほか、異業種にも参入。家電販売、家庭用インターネット、不動産、リフォームなどの付加価値サービスにより、顧客とのつながりの強化を図っている。

また、欧州で再生可能エネルギーや電気自動車（EV）関連の新興企業を発掘して事業を開発したり、アジアで発電所事業に手がけたりもしている。

■GXの取り組みが活発化

脱炭素化に向け、「GX（グリーントランスフォーメーション）」の取り組みが活発化している。温室効果ガスを削減しながらも、エネルギーの安定供給と経済成長の同時実現をめざすものだ。経済産業省などが事務局となり、多様な業種の企業が協働する場として「GXリーグ」も発足した。エネルギー企業には、培ったノウハウを活かした価値提供がよりいっそう求められる。

交通・運輸

コスト構造改革と付加価値サービスの強化、新しいテクノロジーを取り入れた効率化が課題

【早分かり図】

陸運

■総合運送会社
NIPPON EXPRESSホールディングス
(日本通運。NEC、ソフトバンクと提携)
ヤマトホールディングス
(ヤマト運輸。宅配便シェア1位。アマゾンジャパンなどと提携)
SGホールディングス
(佐川急便。宅配便シェア2位。JR九州と提携)
セイノーホールディングス(西濃運輸。路線運送中心。福山通運、阪急阪神ホールディングス、スズケンなどと提携)

■中堅
山九　福山通運
ロジスティード
(旧日立物流)
近鉄エクスプレス(近鉄グループホールディングス完全子会社)

日本郵便(楽天と提携)

航空

■国内大手
日本航空(JAL。ワンワールドに加盟)
全日本空輸(ANAホールディングス。スターアライアンスに加盟)

■中堅
スカイマーク　スターフライヤー
リージョナルプラスウイングス
(AIRDO+ソラシドエア)
Peach Aviation

海運

日本郵船(三菱倉庫、ギリアなどと提携)
商船三井　川崎汽船(上組と提携)

倉庫

三菱倉庫　三井倉庫ホールディングス
住友倉庫　上組(丸和運輸機関と提携)

鉄道

■JRグループ
JR東日本　JR九州
JR東海　JR四国
JR西日本　JR貨物
JR北海道

■私鉄大手
東急(楽天と提携)　近鉄グループホールディングス
名古屋鉄道　小田急電鉄(セブン&アイと提携)
東武鉄道　阪急阪神ホールディングス
京王電鉄　西武ホールディングス

※上記情報は2024年3月時点のもの。

お役立ち情報　交通・運輸の業界研究は次のキーワードで検索。「鉄道　業界　動向」「運輸（運送）　業界　動向」「航空　業界　動向」

ネット通販の急拡大で取り扱い荷物数が増える陸運業界

■大手は総合物流を手がける

国内物流の多くを担うのがトラック輸送であり、99％を中小企業が占める。輸送需要が増える時期にはトラックとドライバー不足に陥りやすいため、近年ではドライバーや車両をシェアするしくみが活用されている。

2024年春、トラックドライバーの時間外労働の規制が強化された。対策として、大手企業と中小企業が共同利用する物流中継拠点の整備、ロボットやAI（人工知能）などを活用した輸送効率化が進められている。

政府は輸送手段を鉄道やフェリーなどに転換する「モーダルシフト」、「置き配」を選んだ消費者へのポイント還元などの対策を打ち出している。

大手陸運企業はトラックだけでなく、海運・航空・鉄道など様々な輸送手段を活用し、倉庫事業、国際複合輸送、宅配便など幅広く手がけている。

国際物流は世界の景気変動に業績が大きく左右される。一方、企業の物流戦略・構築・運用を一括受託する「サードパーティロジスティクス（3PL）」事業は比較的安定している。

国内メーカーはこの20〜30年、生産拠点を中国や東南アジアなどに移転した。国内市場が縮小に向かうほか、海外生産のほうがコストを抑えられるからだ。しかし、円安により海外での生産コスト、輸送コストの負担が増加。工場の「国内回帰」が広がっており、物流支援のニーズが高まりそうだ。

一方、新興国の輸送需要の取り込みをめざし、市場規模が大きい中国やインドなどでの物流網構築も進めている。

■宅配便はネット通販の増加に対応

宅配便分野では、ネット通販やフリーマーケットアプリ市場の拡大に伴い、取り扱い荷物数が増加。コロナ禍以前の一時期は大口割引の適用で採算が悪化、人手不足により配送ドライバーの長時間労働が課題となったが、荷物の引き受け抑制、配達時間帯の制限、値上げなどで採算の改善、ドライバーの働き方改革が進んだ。

今後は百貨店やスーパーのネット宅配事業も拡大する見込み。デジタルを活用した業務効率化が急がれる

一方、ネット通販大手のアマゾンや楽天は「自前物流」を強化。しかし、すべてを自社でまかなうことは難しく、宅配大手と連携している。

宅配大手は新しい取り組みにも意欲的。家電の回収・修理、住宅設備工事、家事支援など、配送以外にもサービスを広げている。東南アジアなど海外でもサービス網の展開を図る。

倉庫業界は、物流業務の総合受託を狙う

■「保管だけ」から配送機能も重視へ

メーカー・商社・流通企業などから材料や商品を預かり、保管する倉庫会社。農産物・食料品・化学品・機械製品などを保管する「普通倉庫」、低温管

理を行う「冷蔵倉庫」がある。

ネット通販の普及により大型物流施設の需要が拡大。大手は「保管」だけにとどまらず、3PLなどの物流コンサルティング事業を強化。AIやロボットなど最新テクノロジーを取り入れ、物流業務の効率化に取り組む。

新航空会社 複数の就航が控える

■国際情勢、為替相場で旅客数が変動

航空業界は、日本航空（JAL）と全日本空輸（ANA）の2強体制が確立されている。一方、機内サービスを省き、機材使用を効率化した格安航空会社（ローコストキャリア＝LCC）も存在感を強め、世界でシェアを拡大。大手航空会社もグループのLCCと連携を強化している。

航空会社の旅客数は、景気はもちろん、国際情勢にも大きな影響を受ける。大規模テロ事件や感染症の流行、大規模自然災害などで一時需要が落ちることも度々起きている。また、燃料価格の変動にも収益を左右されやすい。

さらには、為替相場の影響も大きい。円高の時期には海外旅行の需要が高まり、円安に振れた場合は外国からの訪日観光客の増加につながる。時勢に応じ、路線や運航スケジュールの見直しが常に行われている。

新型コロナウイルス禍においては旅客数が激減し大打撃を受けたが、2023年5月に5類感染症へ引き下げられて以降、国内線・国際線ともに旅客需要が回復している。インバウンド（訪日外国人）の増加に伴い、今後も需要の伸びが期待できる。

2024年以降、複数の新航空会社が就航予定。ユニークなビジネスモデルを打ち出している。

市況に左右される海運業界 大手3社の新会社が好調

■市況や相場が変動しやすい

日本の輸出入貨物の99％以上を運んでいるのが海運会社。国際海上輸送を行う「外航海運」は、原油を輸送する「タンカー」、石炭・鉄鉱石・穀物などを輸送する「不定期船」、コンテナを利用して定期スケジュールで製品を輸送する「定期船」の部門に分かれる。

現在、外航海運会社は日本郵船・商船三井・川崎汽船の3社に集約された。3社は「オーシャン・ネットワーク・エクスプレス（ONE）」を設立し、コンテナ船事業を統合している。

外航海運の運賃支払いは、ドル建てが一般的。為替変動により収益が左右され、運賃相場の変動や燃料価格変動もリスクとなる。安定した収益体制をつくるため、洋上風力発電など非海運事業を強化する動きもある。

鉄道業界は駅の特性を活かし 多角的に新規事業を展開

■鉄道以外の事業が大きな収益源

公益事業である鉄道事業は、免許制度によって地域独占が認められている。

ただし、運賃設定については国土交

通大臣の許可が必要となるため、物価の上昇に対して後追いになり、赤字になることもある。そうしたリスクをカバーするため、鉄道各社は以前から多角化を推進。沿線で不動産（住宅・オフィスビル）、百貨店、スーパー、ホテル、レジャー、バス・タクシーなどの事業を展開し、収益を確保すると同時に鉄道利用客の拡大を図ってきた。

近年はインバウンドの増加により鉄道輸送やホテル事業が好調だった。コロナ禍で赤字に転落したが、現在は旅行需要が回復している。

しかし企業ではコロナ禍の間にテレワークやオンラインミーティングが定着したことから、ビジネス出張の需要は以前の水準に戻らないと予測される。「人流」に依存しないビジネスとして、不動産事業に力を入れるほか、交通系ICカードを活用した生活サービスなどの拡充を図る。京王電鉄グループは2023年秋、国内鉄道会社として初めて「銀行サービス」を開始。JR東日本も金融事業へ参入する。

■「駅ナカ」ビジネスが進化へ

コロナ禍以前から輸送需要の先細りを見越していた各社は、「多くの人が集まる」という駅の特性を活かし、駅の敷地内スペースや建物を活用した商業施設を拡大してきた。すでに一般的となった「駅ナカ」ビジネスだ。

最近のニーズに対応する取り組みとしては、駅ナカにボックス型のシェアオフィスを設けて時間単位で貸し出すサービスなども登場した。今後も沿線住人の層やニーズに応じ、新たなサービスの開発が進んでいくだろう。

■次世代サービス「MaaS」へ参画

「MaaS（マース）」＝「Mobility as a Service（移動のサービス化）」が注目されている。「いろいろな種類の交通サービスを、需要に応じて利用できる一つの移動サービスに統合すること」と定義づけられているものだ。たとえば、スマートフォンアプリを使い、タクシーの配車やシェアリング自転車の検索など、移動を最適化する試みだ。

鉄道会社もMaaSのサービス開発に取り組んでいる。

こぼれ話 次世代の輸送手段の研究開発が進む

能登半島地震救援の際にも活躍したドローン（小型無人機）を活用した配送サービスの開発が進んでいる。改正航空法の施行により住宅街などの有人地帯で目視なしに機体を飛ばすことができる「レベル４」の飛行が解禁されて、物流企業は通信企業などと手を組み実用化への取り組みを進めている。セイノーホールディングスではすでに山間部で実用化しており、「レベル3.5」での配送にも着手している。佐川急便は2025年度中にドローンによる配送サービスを実用化する方針を発表した。

建設・不動産・住宅

安全・安心な街づくり、住まいづくりを担う。
「災害に強い」「省エネ」のニーズの高まりに対応

【早分かり図】

ゼネコン

■大手５社
鹿島建設
大林組
清水建設
大成建設
竹中工務店

■準大手
長谷工コーポレーション
インフロニア・ホールディングス（前田建設工業）
戸田建設
五洋建設
三井住友建設

プラントエンジニアリング

日揮ホールディングス
千代田化工建設
（三菱商事などと提携）
栗田工業
東洋エンジニアリング
（日揮ホールディングス、大成建設などと提携）
タクマ

不動産

■総合大手５社
三井不動産（東京電力、電源開発と提携）
三菱地所（ぴあと提携）
東急不動産ホールディングス
（シン・エナジーと提携）
住友不動産（東京電力と提携）
野村不動産ホールディングス（東京電力と提携）

■マンション分譲中心
大京（オリックス完全子会社）
三菱地所レジデンス
コスモスイニシア
（大和ハウス工業子会社）
ゴールドクレスト

■流通
三井不動産リアルティ
三菱地所リアルエステートサービス
住友不動産販売

■その他
森ビル（都市開発・オフィス賃貸）

住宅

大和ハウス工業（NECと提携）
積水ハウス
積水化学工業（セキスイハイム）
飯田グループホールディングス
住友林業（熊谷組と提携）
旭化成ホームズ（ヘーベルハウス）

住宅設備・建材

LIXIL（住生活全般）
TOTO（衛生陶器）
YKK AP（サッシ・シャッター）
三協立山（サッシ）
三和ホールディングス（シャッター）
リンナイ（給湯器）

※上記情報は2024年３月時点のもの。

お役立ち情報 建設・不動産・住宅の業界研究は次のキーワードで検索。例）建設業界の場合「建設　業界　現状」「建設　業界　法令」「建設　業界　ニュース」

公共工事や民間投資の動向に左右される建設業界

■ゼネコンが頂点のピラミッド構造

道路、港湾、空港、ダムといった社会のインフラ（基盤）整備から、商業ビルの建設まで、幅広く国土開発を担う建設業界。土木、高層ビル、電気工事、空調工事など、それぞれの会社が得意分野をもつ。建設計画から施工管理まで総合的に手がけるのがゼネコン（総合建設業）。その下請けとして工事の一部を請け負う業者は「サブコン」と呼ばれる。

建設業のうち約９割は従業員数20人以下の中小工務店。ひと握りのゼネコンが、中小企業を「下請け」「孫請け」としてコントロールするピラミッド型の構造が確立されている。

■需要は堅調だが採算が悪化

建設業界の業績は、公共工事と民間企業の設備投資の動向に左右される。

公共では、公共施設の建設、道路や橋梁などの土木工事を担う。一方、民間の需要には、オフィスビル、商業施設、マンション、倉庫、メーカーの生産設備などがある。

現在は、再開発が進む都市部のオフィスビル、訪日外国人客数の増加を見込んだホテルの建設需要が継続しているほか、物流施設、データセンターの建設が増加。半導体・医薬品など製造業の設備投資の需要も見られる。

「脱炭素社会」の実現に向けて再生可能エネルギー開発が加速する中、洋上風力発電施設に注力する企業もある。

一方、老朽化した道路やトンネルの補修、水害を防ぐダム・堤防の整備、公共施設の耐震化など、公共工事の需要も堅調だ。

しかし受注はできても採算の悪化が懸念される。世界情勢や円安の影響を受け、建築資材価格が高騰。また、もともと施工管理をはじめとする技術者や職人が不足している状況で、2024年４月からは時間外労働が規制された。人員不足と人件費高騰が避けられず、価格転嫁の交渉や工期の見直しなど難しいかじ取りが迫られる。

長期的には、人口減少が進む国内市場の建設需要は低下していく。各社は新興国のインフラ整備や都市開発、アメリカでの物流施設・住宅事業など、海外市場の開拓にも取り組んでいる。

海外市場で勝負するプラントエンジニアリング

■商社と手を結び、海外の大規模プロジェクトを手がける

プラントとは生産設備一式のこと。石油・化学・発電・通信・鉄鋼・水処理など幅広い種類のプラントがあり、プラントエンジニアリング会社は、調査から企画、設計、製造、設置、指導、運転まで一括して請け負う。

現在の市場は主に海外。新興国のインフラ整備需要などを受け、技術力・コストの面で国際競争力アップに取り組む。巨大なプロジェクトなので、商社と組んで推進するケースが多い。

近年は「脱炭素」の実現につながる環境関連プラントの開発、再生可能エネルギーの発電プラント事業を強化する動きが活発だ。

目まぐるしい変動の中、新たな価値を探る不動産業界

■開発業を中心に流通業、管理業など

不動産業は大きく4つに分けられる。

- 「開発・分譲（デベロッパー）」……自社で土地を取得して、宅地を造成したり、オフィスビル・マンションを建設したりして販売する。
- 「賃貸」……自社で不動産を所有し、オフィスや住居として第三者に貸す。
- 「流通（仲介）」……不動産を売りたい人と買いたい人、貸したい人と借りたい人の間に立ち、物件情報の収集・提供や契約の際の仲立ちをする。
- 「管理」……ビルやマンションの維持・管理を行う。

大手企業が開発・分譲・賃貸・流通を総合的に手がけるほか、中小企業が特定地域に密着して流通や賃貸を、大手系列の子会社が管理を手がけている場合が多い。

このほか、投資家から資金を集めてビルなどを開発・運用し、家賃収入などの利益を投資家に配当する「不動産ファンド」ビジネスがある。不動産各社が手がけるほか、自社では不動産開発を行わず、物件を購入して不動産ファンドを運営する専門企業もある。

■成長分野の開発を強化

都市部のオフィスビルの賃料は大きな収益源。コロナ禍では在宅勤務の普及でオフィス面積を縮小する企業が増えたが、現在は「出社回帰」「人材採用強化」を背景にオフィス需要が回復。都心では賃料上昇の傾向が見られる。

インバウンド（訪日外国人）需要拡大を見込み、ホテルの開発・運営事業の強化も図っている。

マンション販売は時勢によって大きく変動する。景気が悪化すれば販売数は当然低下するが、「住宅ローン減税」など政府の支援によって市場が活発化することもある。現在は資材価格の高騰により新築マンション価格が上昇。一般消費者の買い控えが懸念されるが、投資家や高所得者層の需要は堅調だ。

首都圏では新築向けの用地取得は今

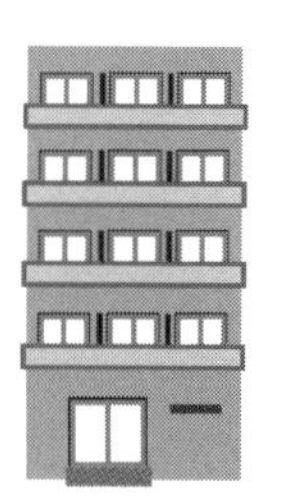

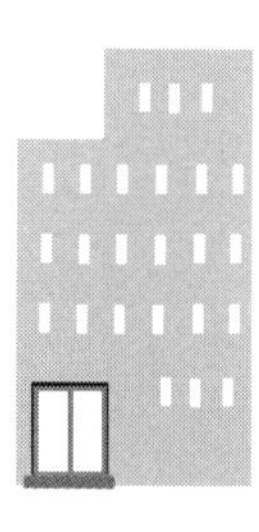

後厳しさを増す。そこで中古のビルやマンションを1棟丸ごとリノベーションし、販売・賃貸する動きが活発化しており、手法も多様化している。

ほか、物流施設やデータセンターなど、有望な分野の開発を強化している。

大手では、現在も東京都内の再開発が活発。デジタル技術を活用した「スマートシティ」開発も進む。アメリカでの賃貸住宅建設、新興国での都市開発など海外事業も積極展開している。

■賃貸仲介会社は「生活情報」も提供

アパートやマンションなど賃貸住宅の仲介業は、新入学や入社・転勤のシーズンが繁忙期。景気が減退すると、企業がコストのかかる人事異動を控え、物件の動きが鈍るが、景気が上向くと活発化するといった傾向がある。

賃貸仲介会社は、地域に根付いた小規模企業も多く、地元の不動産オーナーとの関係を構築。一方、全国展開する大手は、引っ越しや新生活をサポートするサービスも充実させている。

賃貸仲介・管理分野ではデジタル技術による業務変革も進む。VR（仮想現実）での物件案内、空室情報共有、不動産収支管理などのシステムを提供する「不動産テック」企業も増えている。

リフォーム分野の強化、エコ住宅に取り組む戸建て業界

■地域に根付いた強い企業が多い

戸建て住宅の企画・建築・販売を行うのが「ハウスメーカー」。大手の独占市場ではなく、地域に密着した中堅・中小規模の工務店も強いのが特徴だ。各社は、工法・素材・設備・価格などで、競合との差別化を図っている。

人口減少に伴い、国内の新築住宅の市場規模は縮小していくが「リフォーム」の市場は今後も成長が見込める。大手ではアメリカや東南アジアなど海外での戸建て事業を強化している。

■大手は「次世代住宅」を開発へ

住宅大手は、家庭の消費エネルギーを削減し、太陽電池で創出するエネルギーを利用することで年間エネルギー消費量をおおむねゼロにする「ネット・ゼロ・エネルギー・ハウス（ZEH）」を開発。普及を図る。

また、インターネットとあらゆるモノがつながる「IoT住宅」「スマートハウス」としてのブランディング、サービス拡充にも力を入れる。

省エネ対応製品の需要が伸びる住宅設備業界

■リフォーム向け商材を強化

サッシ・シャッター・石膏ボードなどの建材や、キッチン・バス・トイレといった水まわり機器を提供する住宅設備業界。特定製品を専門に扱うメーカーが多い。

大手はグローバル展開を推進。人口増加が見込めるインド、東南アジアの市場開拓を強化するほか、中長期的に住宅設備投資の増加が期待できる中国での生産体制を整えている。

省エネ効果のある製品や高性能製品、住宅用蓄電池の開発にも取り組む。

流通・小売

**ネットを活用した販売手法を開拓。
PB（プライベートブランド）開発にも注力**

［早分かり図］

百貨店

三越伊勢丹ホールディングス
髙島屋
そごう・西武(フォートレス・インベストメント・グループが買収)
エイチ・ツー・オー リテイリング
(阪急阪神百貨店)
J.フロント リテイリング(大丸＋松坂屋)

コンビニエンスストア

セブン-イレブン・ジャパン(セブン&アイ・ホールディングス。三井物産と提携)
ファミリーマート(伊藤忠商事子会社)
ローソン(三菱商事子会社)
ミニストップ(イオングループ)

家電量販店

ヤマダホールディングス
ヨドバシカメラ
ビックカメラ(楽天グループと提携)
ケーズホールディングス
エディオン ←提携→ ニトリホールディングス
ノジマ

ホームセンター

DCMホールディングス
(三井住友カードと提携)
カインズ(ハンズを完全子会社化)
コーナン商事
コメリ
アークランズ

スーパー

イオン(イオングループ)
イトーヨーカ堂
(セブン&アイ・ホールディングス完全子会社)
ユニー(パン・パシフィック・インターナショナルホールディングス完全子会社)
西友ホールディングス(楽天グループ、ウォルマート(米)と提携)
ライフコーポレーション

通信販売

ニッセンホールディングス
(セブン&アイ・ホールディングス完全子会社)
千趣会(JR東日本と提携)
アスクル(Zホールディングス子会社)
ファンケル(キリンホールディングスと提携)
ジュピターショップチャンネル(住友商事系)
ジャパネットホールディングス
(スターフライヤーと提携)

ドラッグストア

ウエルシアホールディングス(イオングループ)
ツルハホールディングス
マツキヨココカラ&カンパニー
サンドラッグ

その他

良品計画(無印良品。リクルートと提携)
ニトリホールディングス(島忠を完全子会社化)
パン・パシフィック・インターナショナルホールディングス(ドン・キホーテ)

※上記情報は2024年３月時点のもの。

→お役立ち情報　流通･小売の業界研究は次のキーワードで検索。「流通　業界　動向」「流通　業界　再編」「小売　業界　動向」「小売　業界　リポート」

インバウンド・富裕層向けが好調な百貨店業界

■高級品の売り上げが好調

あらゆる種類の商品を取り揃える百貨店。専門店やネット通販の拡大に押され、売上の低下が続いてきた。

景気が上昇すれば高級品の販売が伸びるが、主力である衣料品の売れ行きは気候にも左右されるなど、業績は不安定。そこで各社は有力専門店をテナントとして誘致するほか、不動産開発や食品スーパー運営など「非百貨店事業」を強化してきた。

近年は訪日外国人による「インバウンド消費」が拡大。コロナ禍では一時消滅したが、渡航制限が解除されると急速に回復した。円安を背景に、訪日客の買い物意欲は旺盛。ラグジュアリーブランドの商品、宝飾品、アートなど高額商品の売り上げが伸びている。「欲しい商品を聞いて事前に入荷」「ChatGPTを使った外国語での案内」など、もてなしを強化している。

一方、国内の富裕層向けの「外商」が順調。また、ECサイトの運営やスマートフォンでのアプリ配信などを通じ、富裕層以外の顧客層の取り込みも進めている。

モノではなく「体験」をコンセプトとする売り場づくり、AI（人工知能）による個別の嗜好分析・商品提案、デジタルを活用した販促などにも取り組む。不動産事業の強化や、アジアでの店舗展開も進めている。

スーパー業界は2強体制が確立ニーズに応じて業態を見直し

■「総合型」から戦略転換

スーパーは大きく2業態に分かれる。1つは食品・日用品を中心に扱う小～中規模店舗、1つは衣食住にかかわる商品を幅広く扱う大型の「総合スーパー（GMS）」だ。

イオンとセブン&アイ・ホールディングスの2強はGMSを積極展開していたが、一時出店過剰となり、専門店チェーンやネット通販との競争も激化。「脱・総合」へ戦略を転換し、専門性、独自性を高めた店づくりに取り組んできた。イオンは様々な専門店を集めた大型ショッピングモール事業が好調。娯楽や医療など各種サービスのテナントも導入し集客力アップを図る。東南アジアへも展開しており、ベトナムなどでの事業が好調だ。

食品スーパーは生活に密着している分、ある程度安定しているといえるが、野菜や魚介類の価格相場の変動、天候などに業績が左右される。最近では食品や総菜に使う食材の値上がり、光熱費・人件費の上昇が負担となったが、収益回復の傾向が見られる。

近年は、食品の品揃えを充実させているドラッグストアも競合相手となっている。働く女性や単身世帯が増加したことから、総菜部門を強化する動きがめだつ。

■PBが好調。さらに拡充へ

各社が力を入れるのが、食品をは

じめとする生活必需品のPB（プライベートブランド＝自社企画・開発品）。PBは消費者ニーズをすぐに反映できるほか、卸売業者が介在せず利益率が高い。メーカー品の値上げが相次ぐ中、消費者の節約ニーズに応えるため、割安なPBの拡充を図っている。一方では高品質・高付加価値のPB商品も増やしており、売上は堅調だ。

■コロナ禍でネットスーパーが成長

各社は、ネットで注文を受けた商品を即日〜翌日宅配する「ネットスーパー」事業にも取り組んできた。買い物に出かけにくい高齢者や育児中の母親、忙しい共働き世帯などをターゲットとしてきたが、コロナ禍の影響で利用が急増。大手はこれを機にネットスーパー事業に本腰を入れている。

対応店舗の拡大や品揃えの充実を図るほか、AI・ロボットを活用した次世代ネットスーパーの拠点整備を進めている。ネット通販大手と組み、生鮮品・総菜の宅配サービスを手がける企業もある。

新たな営業形態を模索するコンビニエンスストア業界

■フランチャイズで店舗展開

コンビニエンスストアチェーンのビジネスモデルは「フランチャイズ（FC）」。FCとは、本部（フランチャイザー）が、商標、商品・サービス、運営システムを加盟店（フランチャイジー）に提供し、加盟店が売り上げに応じて本部に対価（ロイヤルティー）を支払う形態だ。

コンビニは吸収合併を繰り返し、セブン－イレブン、ファミリーマート、ローソンの３強体制となっている。

コンビニの市場は飽和状態で、2000年代の業績は足踏みが続いた。食品の取り扱いを拡大しているドラッグストア、外食配達サービスとの競争も激化した。しかし、顧客層の拡大や使い勝手の向上への取り組みを進め、2023年３〜８月期には各社、過去最高益を記録している。

今後は、無人レジ・無人店舗などデジタルの活用による省力化、AIを活用した売れ筋商品の分析・発注、物流の効率化などが課題となっている。

各社は海外へも店舗を展開している。特にセブン－イレブンは海外店舗数が国内店舗数を大きく上回っており、北米での業績が好調。2030年度までに30の国・地域へ広げる方針だ。各社、中間層が拡大する東南アジアへの展開を強化する。

広告事業への参入の動きも見られる。自社のスマートフォンアプリ内で、ユーザーの購買履歴をもとに商品の広告やクーポンを掲示する。

■機能食品やコラボで集客強化

各社では小分けにした総菜パック、食品、日用品などでPB商品の品揃えを強化。シニアや女性など新しい顧客の開拓を図ってきた。「糖質制限」「塩分カット」などの商品も打ち出し、健康志向のニーズに応えている。有名店などとのコラボにも積極的だ。

専門店業界は、トップ企業の独走がめだつ

■アパレル・雑貨はSPA業態が強い

アパレル・雑貨分野では、「SPA（製造小売業）」と呼ばれる業態が強い競争力を見せている。これは、製品の企画・開発・製造までを自社で一貫して行うもの。消費者ニーズをすばやく商品企画に反映し、売れ行きを見ながら効率的に生産・在庫管理を行えるのが強みだ。「ユニクロ」を展開するファーストリテイリング、「無印良品」を運営する良品計画、家具・インテリア専門店のニトリなどがこれにあたる。

ブランド力をもつアパレル・雑貨店はアジアや欧米へも展開している。

■家電量販店は異分野へ参入

家電量販店は、インバウンド需要が回復。理美容家電などの販売が好調だ。

ネットショップとの競争が激化する中、自社でもネット通販を強化するほか、「ライブ配信」を通じて販売するライブコマース事業に参入する動きも。

ヤマダデンキは住宅や家具などの「非家電」分野を拡大している。

■ドラッグストアは多機能化

コロナ禍が落ち着き、外出が増えたことから化粧品・医薬品の販売が好調。コロナ禍以前に好調だったインバウンド消費も回復している。

病院の処方箋を受け付ける「調剤部門」も強化。自宅や介護施設への医薬品配達、訪問服薬指導、健康相談、簡易検査など、「多機能薬局化」が進む。

来店頻度を高めるため食品の取り扱いを増やす企業も多い。

ネットショッピングが拡大する通信販売業界

■ネット通販の裾野が広がる

カタログやテレビを通じて販売する通販専門会社のほか、実店舗をもつ小売業もネット通販に参入。コロナ禍でさらにECサイトの開設が進んだ。

各社、スマートフォン専用の通販サイトやアプリケーションを拡充。SNSを販促に活用する動きも活発だ。

こぼれ話 「店舗運営」では幅広いスキルが磨ける

アルバイトで働く人も多い小売業界の仕事は「大したビジネススキルが身につかない」という印象でとらえる学生も多いようだ。しかし正社員として雇用される場合、マネジメント業務が任される。販売計画の策定、コスト・売り上げ・利益率などの計数管理、スタッフの指導・育成、店舗オペレーションの改善、市場や顧客動向の分析、販促・キャンペーンの企画など、幅広いスキルが身につく仕事といえる。現場に大きな裁量権を与えている企業や、店舗勤務後に本部（企画・バイヤーなど）への異動や職種転換のチャンスが多い企業を選べば、やりがいは増すだろう。

サービス・レジャー・アミューズメント

ユーザー層の拡大、リピーター獲得が成長のカギ。インバウンド（訪日外国人）需要の拡大に期待

［早分かり図］

フードサービス

■ファミリーレストラン
すかいらーくホールディングス（ガスト）
サイゼリヤ
ロイヤルホールディングス
セブン&アイ・フードシステムズ（デニーズ）

■ファストフード
日本マクドナルドホールディングス
ダスキン（ミスタードーナツ）
日本KFCホールディングス
（ケンタッキーフライドチキン）
モスフードサービス

■居酒屋
ワタミ（和民）
モンテローザ（白木屋・魚民）
大庄（庄や・やるき茶屋）

■喫茶
ドトール・日レスホールディングス
スターバックス コーヒー ジャパン
コメダホールディングス

■中食
プレナス（ほっともっと。創業家が買収）
オリジン東秀（イオングループ）

■その他
ゼンショーホールディングス（すき家。ロッテリアを買収）
FOOD & LIFE COMPANIES（スシロー・京樽）
コロワイド（甘太郎・牛角・かっぱ寿司・大戸屋）
王将フードサービス（餃子の王将）

サービス

■介護サービス
ニチイホールディングス（日本生命が買収）
ベネッセスタイルケア
ツクイ（事業持株会社体制に転換）
SOMPOケア

■警備
セコム
綜合警備保障（ALSOK）

■ブライダル
ツカダ・グローバルホールディング
テイクアンドギヴ・ニーズ
ワタベウェディング（興和の完全子会社）

■フィットネス
コナミグループ
セントラルスポーツ
RIZAP

※上記情報は2024年３月時点のもの。

➡**お役立ち情報**　サービス・レジャー・アミューズメントの業界研究は次のキーワードで検索。「サービス　業界　現状」「レジャー　業界　現状」「音楽　業界　現状」「ゲーム　業界　現状」

【早分かり図】

レジャー

■ホテル
〈大手老舗〉
ホテルオークラ
ニュー・オータニ
帝国ホテル
〈鉄道系〉
西武・プリンスホテルズワールドワイド
東急ホテルズ
〈ビジネス系〉
ルートインジャパン
東横イン
〈その他〉
リゾートトラスト
アパグループ
共立メンテナンス

■旅行
JTB
KNT-CTホールディングス
（近畿日本ツーリスト＋クラブツーリズム。NTTドコモなどと提携）
日本旅行
阪急交通社（阪急阪神ホールディングス）
エイチ・アイ・エス

■テーマパーク
オリエンタルランド（東京ディズニーリゾート）
ユー・エス・ジェイ
東京ドーム（三井不動産の子会社）
よみうりランド
横浜八景島
ハウステンボス

アミューズメント

■映画
東宝（制作）
東映（制作）
松竹（制作。東急と提携）
ギャガ（配給）
KADOKAWA（制作・配給）
東北新社（制作・配給）
イオンエンターテイメント（興行）
東急レクリエーション
（興行。東急の完全子会社）

■音楽
ソニー・ミュージックエンタテインメント
エイベックス
JVCケンウッド・ビクターエンタテインメント
ポニーキャニオン（フジ・メディア・ホールディングス完全子会社）

■ゲーム
〈ハードウェアメーカー〉
任天堂（ディー・エヌ・エーと提携）
ソニー・インタラクティブエンタテインメント（韓国NCSOFTなどと提携）
日本マイクロソフト
〈ソフトウェアメーカー〉
バンダイナムコホールディングス
スクウェア・エニックス・ホールディングス
コナミグループ
カプコン

■パチンコ・パチスロ
セガサミーホールディングス
マルハン
ダイナム
ガイア（2023年10月倒産）
（マルハン・ダイナム・ガイア：ホール）

※上記情報は2024年3月時点のもの。

多業態展開が一般化したフードサービス業界

■外食業界はコロナ禍から回復

外食産業の市場規模は、少子高齢化の影響により1997年をピークに縮小している。さらにコロナ禍では外出制限・会合の自粛・在宅勤務の拡大などで大きな打撃を受けたが、新型コロナウイルスの感染症法上の扱いが5類に移行してからは客足が回復した。

ロシアのウクライナ侵攻の影響により、小麦粉をはじめとする農産物価格は高騰し、光熱費も上昇。円安で食材輸入コストもかさんだが、値上げやメニュー改善が功を奏した企業では業績が改善している。

もともとフードサービス業は、時代の流れやニーズをつかみ、魅力的なメニューや価格を打ち出すことに成功すれば、短期間で大きく業績を伸ばせる業種。人々の価値観やライフスタイルの変化に応じて適切な戦略をとれる企業は今後も成長するだろう。

利益率を高めるためには、店舗設備のデジタルトランスフォーメーション(DX)の推進も課題。コロナ禍では接客の「非接触」化のため、客席からタッチパネルやスマートフォンで注文する「セルフオーダー」など新たなしくみを導入したが、人手不足のカバーや業務効率化にも効果が表れている。

ほか、調理の自動化、AI(人工知能)を活用した需要予測などにも取り組んでいる。

■収益源を増やすため多業態を展開

外食産業の業績を左右するのは集客数や客単価だけではない。食材の仕入れコストの影響も大きい。現在も原材料価格の高騰が収益を圧迫している。

食材コスト増のリスクは常にある。円安の時期には輸入食材の仕入れコストが上がり、世界情勢によっても食材価格や輸入量が変動する。2000年代初めのBSE(牛海綿状脳症)問題発生時に、米国産牛肉の輸入が差し止められ、牛丼店が危機に陥ったのは象徴的な出来事。コーヒー豆の価格が高騰し、カフェ業界を悩ませたこともあった。

そうしたリスクを分散させるために、また、顧客層を広げて収益拡大を図るために、大手企業の多くは複数の業態を並行して運営している。たとえば、居酒屋やファミリーレストランをメインとしながら、すし店やカフェなどの専門店を展開するといったようにだ。買収により他業態を取り込むケースもある。

■海外への出店を強化

業態問わず海外へ展開する外食企業も多い。近年はアジアでの業績が上向き、タイ、フィリピン、インドネシア、ベトナムなどでの出店を積極化する動きがめだつ。特に海外で日本の「すし」人気は高く、回転ずし各社が海外展開に意欲的だ。現地の外食企業を買収する動きもある。

■「中食」市場が拡大

「中食(なかしょく)」分野が成長している。「中食」とは、お店で飲食をする「外食」に対し、買ってきた弁当や総菜を家庭で食べること。持ち帰り弁当、スーパーやデパ地下の総菜、宅配のピザや寿司などがこれにあたる。

近年は、核家族化に加え、単身世帯が増加。ワーキングマザーや塾に通う子どもが増えていることなどから、家族の食事時間がバラバラになっている。そこで、食を「外部」に頼るケースが増えているが、外食より「中食」利用に流れる傾向が強い。コロナ禍を機に、さらに中食の市場が拡大。コロナ禍で業績を伸ばした企業では、昨年比1.5倍の出店を計画しているなど、攻めの姿勢が見られる。

テイクアウトのほか、「出前館」「ウーバーイーツ」といった宅配サービスの利用も広がった。コロナ禍から平常に戻っても、これらの利用習慣は定着すると見られており、外食チェーンにはテイクアウト専門店、宅配対応店の拡大を続ける企業もある。

■多様な働き方の制度を整備

外食産業にとっては常に「人材の確保」が課題。もともと慢性的な人手不足だが、コロナ禍で営業抑制した時期に離職したスタッフがなかなか戻ってきていない状況だ。

中途採用市場では常に「店長候補」「スーパーバイザー候補」を募集している。「残業が多い」「土日祝日に休めない」「休日でも、アルバイトが休んだら出勤しなくてはならない」といった労働環境の厳しさから、店長の退職が多いのが実情だ。

そこで、大手チェーンでは勤務体系を見直すほか、正社員採用において「残業ゼロの勤務時間限定」「勤務地限定」などの職種区分を設けたり、休日取得を複数コースから選択できたりと、多様な働き方を提供する工夫をしている。

また、「店長の次」のキャリアステップ（スーパーバイザー・エリアマネージャー・本部スタッフなど）を明確にするといったように、様々な人材戦略に取り組んでいる。

高齢化に伴い市場が拡大する介護サービス業界

■事業の多角化が進む

国内では高齢化が進行。団塊世代が後期高齢者（75歳以上）となる2025年以降、介護市場はさらに拡大する。

介護サービスは、大きく「施設介護」と「在宅介護」に分かれる。介護事業者がサービスを提供して得る「介護報酬」は、公定価格として国が一律に定めており、原則３年ごとに見直される。2018年・2021年の改定では介護報酬が引き上げられた。2024年の改定でも引き上げが予定されており、介護職員の処遇改善を図る。

介護費用の財源が国家予算であることから、国の財政難などで交付金が縮小されれば、介護事業者の収益は悪化する可能性もある。そのリスクを軽減するため、事業を多角的に展開する企業も多い。家事代行や、高齢者の外出サポート、徘徊を防止する「見守り」など、介護保険適用外のサービスを提供している。異業種と組んで認知症予防・改善プログラムを開発し、収益化を図る動きも見られる。

■異業種が続々参入

介護業界には、異業種が相次いで参入している。損害保険大手のSOMPOホールディングスはワタミの介護事業子会社や介護大手企業を相次いで買収し、介護市場に参入。介護業界トップクラスに浮上した。

生保・損保事業はライフケア事業との相乗効果が高いことから、複数企業が高齢者ケア事業に取り組んでいる。

2023年11月には日本生命が介護最大手のニチイホールディングスの買収を発表した。

その他、パナソニックは在宅介護拠点を展開。イオンは総合スーパーの店内にデイサービス施設を設置。アシックスは機能訓練特化型デイサービス施設で運動プログラムを提供するなど、多様な業種が介護関連事業を手がけている。

■デジタル技術で介護の質を向上

介護職の人手不足を補うため、負担を軽減するため、そして介護の質を向上させるため、デジタル技術を活用した介護システムの開発・導入が進んでいる。たとえば、ベッドマットに装着する睡眠センサー、天井に設置する行動認識センサーなどは要介護者の異常事態などを察知し、介護職員が持つスマートフォンなどに通知する。ロボットによる介助負担軽減やコミュニケーション支援、排せつ予測デバイスなど、多様な機能が開発されている。

訪日外国人観光客の増加に対応する旅行業界

■社会情勢や災害の影響が大きい

航空券や乗車券、ホテルの予約を仲介したり、交通・宿泊・観光をパッケージ化したツアーを主催したりする旅行代理店。国内・海外ツアーを扱う第一種旅行業者や、その販売代理を担う旅行業者、代理業者などがある。

華やかなイメージをもたれがちな旅行業界だが、内情は厳しい。利益率が低い「薄利多売」体質である上、国際情勢の影響を受けやすいためだ。テロや自然災害、感染症の流行など、突発的な事態により旅行者数は激減する。

また、原油価格が高騰すると、燃油特別付加運賃（燃油サーチャージ）が旅行代金に上乗せされ、海外旅行需要が落ちる傾向がある。

近年は、格安航空会社（LCC）を利用した低価格旅行と高級志向のツアープランとで、市場が二極化。低価格旅行者はネット予約サイトの利用が主流であるため、旅行会社は退職した団塊世代や富裕層の外国人観光客などをターゲットに、高級旅行プランに力を入れてきた。

■「訪日旅行」が拡大へ

政府は「観光立国」政策を推進。外国人の訪日旅行者数を増やすことを目標に「ビジット・ジャパン・キャンペーン」を展開してきた。アジア圏の人々の所得水準の向上、航空路線の拡充、円安、訪日ビザの発給要件緩和などを背景に、日本を訪れる旅行者数は急増。2019年には3188万人と、8年連続で増加し過去最高となっていた。

コロナ禍では入国が規制されたが、制限解除後、訪日旅行客は再び増加。2023年の訪日客数は2019年の8割まで回復し、旅行消費額に関しては過去最高となった。

訪日客の消費では、買い物よりも宿泊・飲食・アクティビティーなど「体験」を重視する傾向が表れている。旅行会社にとっては、ニーズの変化をとらえ、旅行消費額が高い層を狙った戦略が課題となっている。

インバウンド需要増加に期待が高まるホテル業界

■フルサービス・宿泊特化型など多彩

ホテルでは、宿泊客を受け入れるほか、宴会場を利用した結婚披露宴・パーティー・セミナーの開催も請け負う。

近年、東京都心では外資系高級ホテルの進出が相次いでいる。一方、宿泊に特化したビジネスホテルやファミリー型の低価格ホテルチェーンの施設数も増加。大浴場を併設したり、「質の高い眠り」をテーマにしたり、働く女性をターゲットにしたりと、個性を打ち出して支持を得ている。

■新たな需要の取り込みへ

インバウンドの増加を見込み、国内各地でホテルの開業ラッシュとなっている。外資系ホテルチェーンは富裕層をターゲットにラグジュアリーホテルを展開し、国内勢は建て替えやブランドの立て直しなどで対抗している。

訪日リピーターは東京・大阪といった都市部から地方へ足を延ばしている。需要増を見込み、外資系ホテルが地方での開業に力を入れる動きがある。

また、コロナ禍においてはテレワークの拡大に伴って、「ワーケーション」の需要の取り込みへの動きも活発化した。ワーケーションとは、リゾート地に滞在してテレワークをする、「ワーク」と「バケーション」を組み合わせた造語だ。

コロナ禍収束以降もテレワークを継続する企業は多く、福利厚生の一環としてワーケーションを支援する動きもある。今後の動向が注目される。

時代に応じてスタイルを変えるブライダル業界

■小規模のオーダーメイド型が人気

結婚する人が少なくなり、また結婚しても挙式・披露宴を行わないカップルが増加していることから、結婚式の件数は減少している。しかし、邸宅風の施設で挙式・披露宴を行う「ハウスウェディング」や「レストランウェディング」など、小規模で自由度が高いスタイルは定着。今後もオーダーメイド型のニーズは続きそうだ。

ほか、「リゾートウェディング」も人気が高く、新規参入する企業も。「結婚式や披露宴は行わないが写真は撮りたい」というカップルも多く「フォトウェディング」サービスも拡大。

競争が激しいため、新分野の開拓や多角化が課題。ジュエリー、新婚旅行、新居など、結婚式前後の領域までサービスを広げている。

レジャー・アミューズメント業界は幅広い層の取り込みへ

■常に新たな仕掛けを投入

オリエンタルランドが運営する東京ディズニーリゾートとユニバーサル・スタジオ・ジャパン（USJ）、2大テーマパークは新アトラクションの開業などで入園者数を伸ばしてきた。コロナ禍では休業や入園者制限で収益が低下したが、2023年は急速に回復した。

テーマパークなどでは、新施設やアトラクションの開設により一時的に集客を伸ばすものの、次年度まで続かない傾向も強い。体力を増強し、常に新しい仕掛けをして話題を提供し続ける必要がある。

一方、都市型リゾートでは、子どもを安全に遊ばせることができるインドア施設、スパリゾートや温泉を併設するレジャー施設、実用性と娯楽性を併せもつフードテーマパークなどの人気が定着。特に、「癒し」と「食」は集客アップの重要な要素といえそうだ。

また、AR（拡張現実）、VR（仮想現実）を活用したエンターテインメント施設も今後進化していくだろう。イマーシブ（参加型演劇）体験をうたうテーマパークも登場し、注目を集めている。

レジャー業界で注目されているのが、IR（カジノを含む統合型リゾート）。複数の自治体が誘致に動いたが、2023年に大阪での計画が認定された。

■「美・健康」テーマの施設が拡大

近年、フィットネスクラブの市場が成長。少子高齢化に対応するため、シニア向けのプログラムを拡大し、きめ細かな指導を行うなどのサービスを強化してきた。運動に特化したデイサービス施設の開設を進める企業もある。

最近では、低価格帯のフィットネスクラブの展開が活発化。RIZAPグループは着替え不要、10分程度の利用も可能なセルフ型ジム「chocoZAP（チョコザップ）」の展開を拡大するなど、既存ユーザー層とは異なる層を取り込んでいる。

■映画興行はヒット作の数が影響

映画館は「シネマコンプレックス（＝複合映画館。シネコン）」が主流に。複数のスクリーンを備えるため、作品の人気に応じて上映スクリーンの増減を調整し、採算を合わせている。

巨大スクリーン、迫力の音響設備、プレミアムボックスシートなどの導入により、映画館でしか味わえない魅力を打ち出して集客を図る。

映画会社やシネコンの業績はヒット作品の有無によって大きく左右される。

ネット配信の台頭で市場が伸び悩む中、東宝ではアメリカのスタジオに出資し海外事業の拡大をめざす。

■アミューズメント機器分野では、「版権もの」が増加

市場規模が大きいパチンコ・パチスロ業界。しかし、娯楽が多様化しているため、遊戯人口は落ち込んでおり、店舗数も減っている。遊技機器メーカーでは、アニメ・ドラマ・アイドルグループなど既存のキャラクターを使用した機種を拡大。IT技術を導入し、台の娯楽性アップにも注力する。

スマホゲームが主流となったゲーム業界

■新しいテクノロジーを導入へ

家庭用ゲーム機の市場（ハード・ソフト）では任天堂の「ニンテンドースイッチ」、ソニーグループの「プレイステーション(PS) 5」の人気が根強い。一方、スマートフォン向けオンラインゲームでは、各社ヒット作の創出を競っている。

VR・ARの活用が進み、より臨場感が味わえるソフトも登場。『ポケモンGO』『ドラゴンクエストウォーク』などがヒットした。今後は「メタバースゲーム」の拡大も予測される。自分の「アバター」を仮想空間で動かし、他者とコミュニケーションをとったりビジネスができたりするものだ。

ライブの市場が拡大した音楽業界

■イベントや物販事業を強化

音楽ソフトの市場は1998年をピークに縮小し、現在は半分以下の規模に。特典付き限定盤や人気アーティストの新作発売などで一時期プラスに転じても、長期的に見ると環境は厳しい。各社は付加価値商品の開発、アーティスト関連グッズなどの物販事業の拡大で収益確保をめざす。

市場が拡大しているのは「音楽ライブ」「コンサート」。音楽ソフト市場を上回る規模となっている。地方自治体も誘致開催に意欲を見せており、音楽フェスの開催が各地に広がりそうだ。

2023年は「生成AI」が拡大した。生成AIを活用した楽曲制作がどのような影響を及ぼすか、注目が集まる。

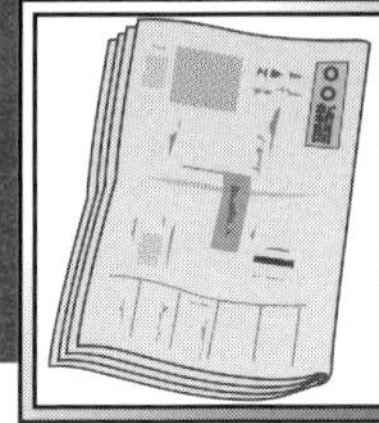

マスコミ

通信・ネットとの融合が課題。
スマートフォン向けアプリ市場へのコンテンツ提供が加速

【早分かり図】

通信社

共同通信(ニュース配信)　　時事通信(ニュース配信)

新聞

■全国一般紙
読売新聞　日本経済新聞
朝日新聞　毎日新聞　産経新聞

■ブロック紙・地方紙
北海道新聞　京都新聞
岩手日報　神戸新聞
新潟日報　中国新聞
信濃毎日新聞　山陰中央新報
中日新聞　西日本新聞

■スポーツ新聞
日刊スポーツ(朝日新聞系)
スポーツニッポン(毎日新聞系)
スポーツ報知(報知新聞。読売新聞系)
デイリースポーツ(神戸新聞系)
サンケイスポーツ(産経新聞系)

■夕刊紙
日刊ゲンダイ(講談社グループ)
東京スポーツ新聞

テレビ

■地上波
NHK(日本放送協会)
日本テレビ(日本テレビホールディングス)
フジテレビ(フジ・メディア・ホールディングス)
TBS(TBSホールディングス)
テレビ朝日(テレビ朝日ホールディングス)
テレビ東京(テレビ東京ホールディングス)

■BS・CS放送
スカパーJSATホールディングス
WOWOW

■CATV
JCOM(KDDI・住友商事系。ネットフリックスと提携)

インターネット・動画配信

AbemaTV(サイバーエージェント・テレビ朝日系)
U-NEXT (2023年にParaviを運営するプレミアム・プラットフォーム・ジャパンと合併)
HJホールディングス(Hulu。日本テレビ系)
TVer(Zホールディングスと提携)

ラジオ

ニッポン放送(フジ・メディア・ホールディングス完全子会社)
文化放送　J-WAVE
エフエム東京　TBSラジオ

※上記情報は2024年３月時点のもの。

➡お役立ち情報　マスコミの業界研究は次のキーワードで検索。「マスコミ　業界　動向」「テレビ　業界　動向」「出版　業界　動向」「広告　業界　動向」

【早分かり図】

出版

■総合

提携

講談社　集英社　小学館

KADOKAWA（ヤフー、中国のテンセントグループなどと提携）

■情報

リクルートホールディングス

ぴあ

インプレスホールディングス

マガジンハウス

扶桑社（フジ・メディア・ホールディングス完全子会社）

主婦の友社（カルチュア・コンビニエンス・クラブ〈CCC〉グループ）

■教育

ベネッセホールディングス

学研ホールディングス

ぎょうせい　東京書籍

文溪堂　光村図書出版

■地図

ゼンリン

昭文社ホールディングス

■文芸

文藝春秋　新潮社

岩波書店　幻冬舎

徳間書店（カルチュア・コンビニエンス・クラブ〈CCC〉グループ）

■ビジネス

日経BP

ダイヤモンド社

東洋経済新報社

出版取次

提携

日販グループホールディングス

トーハン（メディアドゥ、丸善ジュンク堂書店と提携）

楽天ブックスネットワーク

中央社

印刷

TOPPAN（旧凸版印刷）

artience（東洋インキから社名変更）

大日本印刷（トーハンと提携）

NISSHA　朝日印刷

共同印刷　広済堂

広告

■大手

電通グループ

博報堂DYホールディングス

サイバーエージェント

ADKホールディングス

■準大手

東急エージェンシー

デジタルホールディングス

ジェイアール東日本企画

GMOアドパートナーズ

※上記情報は2024年３月時点のもの。

ビジネスモデルの転換が求められる新聞業界

■「電子版」の展開を強化

報道機関として重要な社会的役割を担う新聞。新聞には、読売、朝日、毎日、日本経済などの全国一般紙と、特定地域に根ざしているブロック紙・地方紙、業界専門紙などがある。

若者の活字離れやインターネットの普及に伴い、発行部数は減少。購読料・広告料の収益が落ち込んでいる。

新聞社の新たな収益源となっているのは、インターネットメディアへの記事提供料。新聞社自身でも「有料電子版」を発行している。ネットとの連動性を高める取り組みが続くが、従来の「新聞紙」の衰退が加速する可能性もあり、販売店への対策が課題となる。

現在の新聞購読者は高齢者層が中心。若い世代にも受け入れられるようなビジネスモデルの転換が求められる。

電子書籍の拡大で収益維持を図る出版業界

■出版市場は縮小の一途をたどる

書籍・雑誌・情報誌・専門誌などを発行する出版社。情報収集ツールがインターネットに移行し、スマートフォンの普及に伴って、出版市場の縮小が続いている。月刊誌や週刊誌などの定期刊行誌は低迷。100年の歴史をもつ『週刊朝日』（朝日新聞出版・発行）が2023年５月に休刊するなど、雑誌不況は色濃くなっている。広告出稿は雑誌からネットへ移行し、広告収益も低下している。

雑誌は紙媒体の発行を停止し、ネット配信のみに移行するケースも多い。たとえば日経グループでは「経営」「技術」「マーケティング」「働く女性」などテーマごとのメディアで専門性が高いコンテンツを発信し、有料会員数を増やしている。

「出版不況」といわれるが、小説やマンガはヒット作が出れば大きな収益につながる。また、TVドラマや映画の制作現場は常に優れた原作を探しているため、作品が映像化され、収益を生む可能性も秘めている。特にマンガは、スマートフォン向けゲームの題材として使われたり、他業界とのコラボ商品が販売されたりもする。海外に輸出され、人気を得るチャンスもある。近年では『鬼滅の刃』『呪術廻戦』『東京卍リベンジャーズ』などが大ヒットし大きな収益をもたらした。出版社はマーケティングや企画の質を高め、作家を育てていくことで、大きなビジネスチャンスをつかめる。

■電子書籍市場が拡大へ

市場の縮小を食い止めるため、各社が力を入れるのが「電子書籍」だ。電子書籍が読める機能を備えたタブレット端末や大画面のスマートフォンの普及に伴い、市場規模が拡大。書店、ネット企業、印刷会社、端末メーカーなどが配信サイトを運営している。

インプレス総合研究所の「電子書籍ビジネス調査報告書2023」によると、

2022年度の電子書籍の市場規模は6026億円と推計され、2021年度の5510億円から516億円（9.4%）の増加となった。今後も市場拡大を続け、2027年度には8000億円規模の市場に成長すると予測されている。

市場を牽引するのが電子コミック。スマートフォンで手軽に読めることからユーザーが増加。コロナ禍の「巣ごもり」を機にマンガアプリが急速に普及した。

出版大手はマンガの海外展開を強化する。「世界同時配信」に乗り出すほか、マンガの映像化権を海外へ売り込む。

マンガ作品の制作に生成AIを活用する動きも広がってきた。線画作成・着色の自動化により制作期間を大幅短縮。作品の増加・多様化が期待される。

■ネット事業との融合が加速

出版物はネットとの連動性を高めている。ファッション誌に掲載された商品を購入できるショッピングサイトも定着。動画サイトと手を結び、新しいビジネス創出をめざす企業もある。出版社とネット企業のコラボレーション企画を通じ、雑誌とネットの融合はさらに進むだろう。

「放送と通信の融合」が進むテレビ業界

■「多チャンネル」時代へ

放送は大きく次の種類に分けられる。

・「地上波放送」

・「BS放送」……衛星放送。NHK、各民放の系列会社、WOWOWなど。

・「CS放送」……通信衛星放送。スカパーJSAT（スカパー！）など

・「CATV」……ケーブルテレビ。家庭にケーブル網を引いて放送する。J:COMなど。

このほか、インターネットでの動画配信サービス（Netflix、Amazonプライム・ビデオ、Hulu、Paraviなど）も存在感を強めている。サイバーエージェントによるインターネットネットテレビ『ABEMA（アベマ）』も視聴者数を増やしている。

ビジネスモデルは、「無料放送」「有料放送」に大別される。視聴者からは利用料をとらずに広告料で収益をあげ

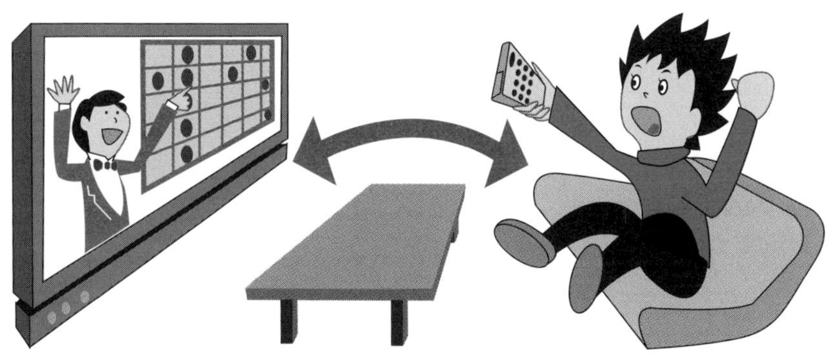

るものと、視聴者から利用料を受け取るものだ。

近年、ネット広告の台頭で広告収入は減少傾向。民放各社は以前から映画、イベント、不動産、通販など、幅広い分野へ事業展開している。通信衛星放送を手がける企業では、人工衛星データを活用したサービスの商用化に乗り出す動きも見られる。

■動画配信サービスを拡大

近年、テレビの視聴者・視聴時間は減少。スマートフォンの普及、動画配信サービスの拡大が背景にあるほか、番組の質の低下も叫ばれる。視聴率と広告収入が連動する民放局の危機感は強い。そこで各社が取り組むのが「ネットとの融合」。ネットを活用した視聴者参加型の番組づくりや、過去の番組を有料で視聴できる「オンデマンド」配信サービスを拡大している。

民放各局と広告代理店の共同出資で立ち上げたのが、番組配信サービス『TVer（ティーバー）』。2022年には一部番組の同時配信もスタートし、ユーザーを増やしている。地上波放送の広告収入が落ち込む一方、番組のネット配信における広告収入やコンテンツ販売は伸びている。

このほか、番組コンテンツの海外輸出にも力を入れている。

インターネット広告がシェア拡大を続ける広告業界

■CMの企画からブランド戦略まで

新聞・テレビ・雑誌・ラジオ・インターネットなどの広告媒体と、広告主の間に立って仲介を行う広告代理店。メディアから広告枠を仕入れて企業などに販売すると同時に、広告主の依頼を受けて広告やCMを制作する。

広告にとどまらず、イベントやキャンペーンといった販促活動の企画・運営、ブランドイメージを確立・向上させるためのコンサルティングなども手がける。大手は、広告・イベント・映画・ドラマ・音楽などを組み合わせたキャンペーンなどを提案し、手数料収入を得ている。顧客企業の商業施設全般の販促・運営サポート、デジタルトランスフォーメーション（DX）の支援を手がける企業もある。

■ネット広告の手法が多様化

テレビ・新聞・雑誌・ラジオの「マス4媒体」の広告費が落ち込む一方、インターネット広告は急速に成長を遂げている。2021年には、ネット広告費が4媒体の合計も上回った。

ネット広告では、検索キーワードに応じて表示する「検索連動型広告」、ユーザーの閲覧履歴をもとに興味関心を推測して広告を配信する「ターゲティング広告」、SNSのタイムライン上で記事や投稿の合間に表示する「インフィード広告」など、手法が多様化している。ネット上に蓄積された大量のデータを活用した新しいネット広告ビジネスも拡大している。

特に「動画広告」は市場規模が拡大している。動画広告の9割を占めるのがスマートフォン向け。今後は、次世代通信規格「5G」の商用化により、さらに大量のデータ処理が可能となる。ユーザーの行動をリアルタイムで分析し、最適な動画広告を配信するなど、さらに進化していきそうだ。

技術の進化が速く、次々と新たな手法が生み出される土壌だけに、新興のベンチャー企業も存在感を発揮。勢力図の変化や再編も起きやすい業界といえる。

2023年には生成AIが普及。生成AIにより広告画像・動画を手軽に、低コストで作成できるようになっており、活用法が模索されている。

■SNSでの拡散を狙った仕掛けも

SNSの拡散力を利用してPR効果につなげる手法も定番化。SNS上で口コミの話題となりやすい仕掛けを工夫するほか、消費者とのコミュニケーションツールとして活用している。

SNSのフォロワー数が多く影響力が強い「インフルエンサー」と呼ばれる人たちに商品を提供し、SNSやブログに投稿してもらい、報酬を支払うという手法もとられている。

広告代理店では、インフルエンサーを活用したマーケティング、仲介サービスも手がける。インフルエンサーの志向やフォロワーの属性をデータベース化し、広告主である企業とマッチングを図るものだ。

しかし、企業からの依頼を受けてのPRをインフルエンサー個人の感想に見せかける「ステルスマーケティング（ステマ）」が問題視された。2023年には景品表示法の「不当表示」の対象に「ステマ」が追加され、規制が始まっている。インフルエンサーは有効な広告手段であるだけに、手法の見直しが課題となる。

印刷業界では大手が異分野へ多角展開

■印刷技術を多彩な分野に活かす

印刷業には、チラシ・パンフレット・ポスターなどの「商業印刷」、雑誌・書籍などの「出版印刷」、パッケージ・ペットボトルといった「特殊印刷」などの種類がある。発注者である出版社・広告代理店・一般企業などに対して、技術ノウハウを活かした提案を行う。

また、大手は印刷技術を応用し、多角的に事業を展開している。その領域は、住宅建材、内装材、液晶ディスプレーなどに使われる反射防止フィルム、各種カード（クレジットカード、プリペイド・IC）など幅広い。

出版不況により、商業印刷・出版印刷の市場は縮小。チラシやカタログも電子化が進み、成長は見込めない。

そこで、大手は印刷以外の事業を強化。半導体や液晶パネル、包装材などの事業範囲を広げている。また、今後有望な太陽電池やリチウムイオン電池などの関連部材の開発・供給に注力。

また、ICカード事業で培ったセキュリティ関連技術を活かし、自動車業界向けに車載セキュリティサービスを提供。新興国に向けてIDカードの売り込みを強化する動きもある。

商社

幅広い事業分野に投資。時代の流れを読み、有望分野を探索する

[早分かり図]

総合商社

三菱商事(NTT、コメダ、綜合警備保障と提携)
三井物産(KDDI、エア・ウォーターと提携)
伊藤忠商事
豊田通商
丸紅
住友商事(JALと提携)
双日(ANA、ロイヤルホールディングスと提携)
兼松

専門商社

■食品
三菱食品(三菱商事系)
日本アクセス(伊藤忠商事系)
国分グループ本社
加藤産業

■医薬品
メディパルホールディングス(三菱倉庫と提携)
アルフレッサ ホールディングス(ヤマト運輸と提携)
スズケン ←→ 東邦ホールディングス(提携)

■機械・半導体
マクニカホールディングス
日立ハイテク(日立製作所系)
岡谷鋼機
ユアサ商事
リョーサン

■鉄鋼
メタルワン(三菱商事・双日系)
阪和興業
伊藤忠丸紅鉄鋼(伊藤忠商事・丸紅系)
日鉄物産(日本製鉄系。三井物産と提携)

■エネルギー
伊藤忠エネクス(伊藤忠商事系。日産自動車、九州電力と提携)
岩谷産業(綜合警備保障と提携)
三愛オブリ
カメイ

■その他
長瀬産業(化学品中心)
稲畑産業(情報電子・化学品中心)
帝人フロンティア(帝人系)
東レインターナショナル(東レ系)
日本紙パルプ商事(王子製紙系)

※上記情報は2024年3月時点のもの。

お役立ち情報 商社の業界研究は次のキーワードで検索。「商社　業界　動向」「商社　資源」「商社　戦略」「商社　ビジネス」「総合商社　現状」

資金力・情報力を駆使して事業開発を推進する総合商社

■物流仲介から金融まで、多様な機能

総合商社の本来の事業は、貿易や輸出入の仲介。世界中に情報網をはりめぐらせ、企業のニーズに応じ、最適な原材料や製品を調達・提供する。注文を受けて動くだけでなく、自ら商品を発掘して売り手と買い手を結びつけるなど、市場の新規開拓も担ってきた。扱う商品が非常に幅広いことから、「ミネラルウォーターから通信衛星まで」などとたとえられる。

ほかにも、総合商社は多様な機能をもつ。豊富な資金力を活かして「金融」の機能を備えるほか、「物流」のノウハウにも長けている。大規模プロジェクトでは、政府や官公庁、金融機関、民間企業の専門家などから適任者を集め、プロジェクトをリードする。世界を舞台にしたビジネスを手がける一方、コンビニやスーパーに出資するなど、国内流通・小売業との連携も強い。

1990年代以降、メーカーは原材料の輸入や製品輸出に際し、材料供給者や小売業者と直接取引するようになったため、仲介者としての商社の存在感は薄くなった。そこで総合商社は事業構造を転換。有望な事業に投資し、その会社を自社グループに組み入れることで連結業績の向上を図っている。

企業ごとに得意分野や注力分野は異なる。新興国の資源開発やインフラ整備を強みとする商社がある一方、生活消費関連分野に力を注ぐ商社もある。

■常に有望な新分野の開拓を続ける

2000年以降は石油・石炭・鉄鉱石など「資源」の開発事業が拡大したが、2010年代半ばに資源バブルが崩壊。各社は自動車・機械・素材・食品・電力・ヘルスケア・金融・不動産などの事業を強化した。現在は「非資源」分野が利益のうちの多くを占めており、業績は堅調。円安の恩恵も受けている。

どの商社も、時代の変化に応じて戦略を変え、常に新たな収益源を探っている。様々な業種や企業と手を結ぶが、現在はどの業種においてもデジタルトランスフォーメーション（DX）が必須課題であるため、社員のデジタルスキル教育にも力を入れている。

世界規模で「脱炭素」の動きが加速する中、再生可能エネルギーのビジネス開発にも注力。洋上風力発電、次世代燃料となる水素・アンモニアなどに投資している。

■得意分野に特化する専門商社

幅広い領域を扱う総合商社に対し、特定領域に特化しているのが専門商社。メーカーの一部門が独立した会社、問屋（卸売業者）が拡大した会社が多い。

金属・繊維・化学・機械・エレクトロニクス・建材・医薬品・食品など、得意分野に集中している分、高い専門知識やノウハウ、豊富な品揃え、きめ細かな対応力をもつ。ユーザーのニーズをつかんでいる強みを活かし、メーカーの商品企画・開発を支援する企業、小売事業を強化する企業もある。

教育・人材・コンサルティング

教育サービスは対象層拡大＆オンライン化へ。
人材業界では、マッチングサービスが多様化

［早分かり図］

教育

■資格・生涯学習
ベネッセホールディングス
ユーキャン
ヒューマンホールディングス
TAC ←（提携）→ 増進会ホールディングス

■学習塾・予備校
公文教育研究会
増進会ホールディングス（Z会、栄光）
ナガセ（東進ハイスクール、四谷大塚）
市進ホールディングス
（2023年7月、学研の連結子会社に）
早稲田アカデミー

人材サービス

■人材派遣
リクルートホールディングス
パーソルホールディングス
パソナグループ
ヒューマンホールディングス

■技術者派遣
アウトソーシング
テクノプロ・ホールディングス
メイテック
アルプス技研

■人材紹介
リクルートホールディングス
パーソルホールディングス
ジェイ エイ シー リクルートメント

コンサルティング

■戦略系
マッキンゼー・アンド・カンパニー
ボストン コンサルティング グループ
（青山社中と提携）
A.T.カーニー

■人事専門
ウイリス・タワーズワトソン
コーン・フェリー・ジャパン（SAPと提携）
マーサー ジャパン

■総合
アクセンチュア（NTTドコモと提携）
プライスウォーターハウスクーパース
ベイカレント・コンサルティング

■シンクタンク系
日本総合研究所（三井住友フィナンシャルグループ完全子会社）
大和総研
三菱総合研究所

※上記情報は2024年3月時点のもの。

➡お役立ち情報　教育･人材･コンサルティングの業界研究は次のキーワードで検索。「教育産業　市場規模」「人材業界　動向」「コンサルティング業界　動向」

AI（人工知能）などを活用した新たな学び方が広がる教育業界

■学習塾では「個別指導型」が伸長

少子化に伴い、「大学受験対策」などの予備校の市場は縮小している。

とはいえ、子ども1人にかける教育費は上昇。私立校をめざす子どもが増え、公立でも中高一貫校の開設が進んでいるのを背景に、中学受験対策を支援する学習塾が増えている。

「個別指導型」が勢力を伸ばし、さらに最近では子どもが自分に合った教材・ペースで主体的に学ぶ「自立学習型」が広がっている。コロナ禍以降は「オンライン指導」も普及した。

■英語などの早期教育も広がる

競争が激化する中、各社は早い時期からの生徒の囲い込みに注力。つまり、幼児や小学校低学年を対象とした教室を運営し、エスカレーター式に受験対策講座に呼び込もうというわけだ。

2020年度からは小学校で「英語」「プログラミング」が必修化。学校の授業だけでは足りないことを不安に思う保護者のニーズをとらえ、民間でこうした教室を展開している。

■社会人向け教育サービスも多彩

社会人になっても必要なタイミングで再教育を受け、生涯学び続けていく「リカレント教育」。この分野には資格取得や専門スキル習得支援の企業がある。コロナ禍ではオンラインで受講する「eラーニング」も拡大した。

また、企業の人材育成を請け負う専門会社もある。企業独自で行うのが難しい語学やデジタル知識の教育をはじめ、ビジネスマナー、セールス、リーダーシップ、マネジメント、キャリアデザインなどのプログラムを提供する。

近年、注目を集めるのが「リスキリング（学び直し）」だ。キャリア形成のため新たなスキルを身につける重要性が高まり、政府も助成金など支援している。デジタルトランスフォーメーション（DX）の活発化を背景に、特にデジタルやデータ活用の分野のリスキリングが進められている。

■動画やアプリでの学習が拡大

PC・タブレット・スマートフォンを利用し、オンラインで、好きな時間に好きな場所で学べるサービスが拡大している。「学習用アプリ」の利用も広がり、教育とネットの融合が進んでいる。Education（教育）とTechnology（技術）を組み合わせた「EdTech（エドテック）」の領域では、学習状況や習熟度の管理、講師と受講生のコミュニケーション支援など、サービスが進化。AIでユーザーの得意・苦手を分析したり、学習履歴をもとに最適な問題を出題したりと、個別学習プログラム強化が進む。今後は英語学習で「生成AI」が話し相手になるなど、新たな学習法が広がりそうだ。

企業と求職者の橋渡しをする人材サービス業界

■派遣業は政府の施策の影響が大

ビジネスの変化のスピードが速い昨

今、経営状況に応じて雇用の調整ができる「派遣」「アウトソーシング（外部委託）」の活用が浸透している。

そのニーズに応えるのが人材派遣会社やアウトソーシング会社。企業が必要とするスキルをもつスタッフを必要な期間派遣し、業務遂行を支援する。技術分野などでは、エンジニアを正社員として雇用・育成し、派遣先に常駐させる形態の企業も多い。

派遣業界は競争が激しい。各社は、登録している派遣人材のレベルを高めるため自社で教育・研修も行っている。

一方、企業の業務プロセスの一部について、設計から運用まで一括で請け負うBPO（ビジネス・プロセス・アウトソーシング）事業も伸びている。

■正社員採用を支援する人材紹介会社

主に正社員・契約社員を採用したい企業と求職者のマッチングサービスを行うのが「人材紹介業」。「転職エージェント」という呼称が一般化している。

求職者への求人情報提供や転職活動サポートは無料で行い、採用が決まったら企業側から成功報酬を受け取るしくみが多い。採用業務の効率化を図る企業、専門性の高い人材を求める企業、戦略を他社に知られず秘密裏に人材募集したい企業などに活用されている。

幅広い業種・職種を手がける総合エージェントがある一方、「金融業界」「外資系企業」「エンジニア」「医療」など専門領域に特化した企業も多い。

グローバル人材採用のニーズも高く、国境を越えた採用・就職支援を手がける企業も見られる。

■人材サービスの種類が多様化

日本では労働人口の減少が進んでいくため、人材不足が深刻な課題となっている。そこで、採用を支援するサービスが多様な形で広がっている。

もともとあるのは「求人メディア」運営。採用目的やターゲットに応じて求人誌の発行、求人サイトの運営を行い、求人広告料を得ている。

近年は『ビズリーチ』など、ネット上での人材マッチングサービスも成長。

登録している人材に対し、企業や転職エージェントが直接アプローチしてスカウトする「ダイレクトリクルーティング」の手法が広がってきた。ほか、SNSを活用した求人サービス、複数の求人メディアの情報を集積したサービスなども台頭している。

ここ数年、「副業」を解禁する企業が増加しているのを背景に、副業したい人と専門スキルをスポットで活用したい企業のマッチングサービスも登場。副業に限らず、フリーランス人材と企業を結ぶサービスも拡大している。

企業と求職者のマッチングにはAIも活用されている。生成AIによる職務経歴書作成サービスも登場した。

企業の「変革」「価値創出」を支援するコンサルティング業界

■高度な「課題分析・解決力」を駆使

企業が抱える課題を聞き、また、企業自身が気づいていない潜在的な課題を引き出し、分析を行った上で解決法を提案するコンサルティングファーム。大まかに以下のように分類される。

・「戦略系」……企業のトップと対話し、経営戦略上の重要な判断をサポートする。外資系が多い。

・「会計系」……主に税務・財務面の分析・提案を行う。監査法人などがコンサルティング活動まで領域を広げ、内部統制問題にも対応。

・「IT系」……経営課題を解決するためのIT導入を支援する。

・「専門系」……人事・株式公開支援・M&A・組織活性など特定分野に強みをもつ。

・「シンクタンク系」……母体は金融機関。本来は経済や企業に関する調査・分析・研究を行うが、コンサルティング活動まで領域を広げている。

現在ニーズが高いテーマはDXの支援。一からDXの戦略策定をサポートするほか、すでに導入したデジタルツールの活用度向上、生成AIの活用法などのコンサルティングを行う。

また、「サステナビリティ（持続可能性）」をテーマとする案件も増加。あらゆる業種の大手企業が「SDGs（持続可能な開発目標）」「ESG（環境・社会・ガバナンス）」への取り組みに本腰を入れている。コンサルティングファームではそれを支援する専門部署を新設するなど、サステナビリティコンサルタントを増強している。

■企業の変革、事業創出を支援

ビジネス環境の変化のスピードが速くなっている昨今、多くの企業がビジネスモデルの変革や新規事業の創出を図っている。国内マーケットが縮小する中、海外展開も急がれる。M&Aによる事業の再編・開発・承継、働き方改革、人的資本経営、新しい法律や制度への対応など、課題は山積みだ。

最新テクノロジーや専門の知識が必要となるため、自社独自でこれらの課題をこなすのは困難。効率的に成果を上げるため、コンサルティングファームへのニーズがさらに高まっている。

こぼれ話

情報公開や法制度に対する企業の姿勢にも注目

若い世代を対象とした雇用関係の法制度に、「若者雇用促進法」がある。同法では、新卒採用を行う企業に対して、幅広い情報提供を努力義務化し、応募者の求めに応じて「募集・採用に関する状況」「職業能力の開発・向上に関する状況」「雇用管理に関する状況」のそれぞれについて、１つ以上の情報提供を義務づけている。また職場環境の改善に積極的な企業の残業時間や有給休暇取得日数、平均年齢などの職場情報を検索・比較できるWebサイト「しょくばらぼ」も設けられており、各企業の職場情報公開への積極度合いや、法制度にどう取り組んでいるかを知ることができる。こうした部分は「人材に対する考え方」を測るヒントにもなるだろう。

2 各業界の働く環境を知っておこう

働きたい業界が決まったら、企業の待遇も調べておこう。経済情勢によって、職場を取り巻く環境には変化が生じる。独自の待遇を用意する企業もあるので、しっかりと把握しておこう。

入ってから後悔しないように

新卒で入社してから定年まで勤める場合には、40年以上を過ごすことになる。いい仕事を持続させるには、待遇や環境は大切な要素。入ってから、こんなはずじゃなかったと思っても遅い。

就職活動をする際に、相手企業の業績や規模、どんな業態なのかを調べることは非常に重要だ。しかし会社の売り上げや経常利益にばかり目を向けるのではなく、入社後の働く環境についても、十分調べておこう。

企業からの情報を丹念に読む

企業のホームページや、会社案内、就職関連サイトなどを使って、待遇や福利厚生に関する情報を一通り集めよう。P69で取り上げた「若者雇用促進法」などにもとづく職場情報の提供制度を活用するのも1つの手段だ。

■初任給は業界で横並びが多い

初任給とは、4月に新卒で入社した場合の基準月例賃金を指し、業界ではぼ同じになっている場合もある。また地域によって手当のつく企業もあるが、あまり大きな差は見られない。

外資系企業では年俸制をとることも多い。こうした企業では年俸を何分割かし、給料として毎月支給する。

■在職者の平均年収は、400万円台から1000万円台と大きな差がある

賞与を加えた年収額は、業界によって大きく異なる。サービス業界などの年収は400万～500万円台が少なくないのに比べ、商社業界などでは1000万円超の企業も見られ、2倍以上の差が出る。やりたい仕事をするのがいちばんではあるが、収入額は生活水準にも大きく影響するものなので、慎重に考えるようにしたい。

年収は年齢ともかかわってくる。平均年齢や平均勤続年数などの情報と併せて見ていくようにしよう。

■離職率は仕事の難しさと時代を反映

一時より下がったものの、大卒者の3年以内の離職率は約3割。年功序列や終身雇用が崩れてきたという背景もあり、離職・転職が珍しい時代ではなくなった。キャリアアップのためなど、早期に退職し転職する場合もある。

しかし、中には労務管理に問題があるため離職率が高いという企業も存在する。可能な限り企業の離職率をチェックし、あまりにも高い場合はその理由を把握するようにしよう。

■平均年齢と平均勤続年数は併せて見る

社員の平均年齢は企業の創業年数ともかかわっている。創立からの年数が浅ければ、当然平均年齢は低くなり、その逆では高くなる。インターネット業界などでは30歳代半ばから後半、エネルギー業界などでは40歳代が多く見られる。

業界ごとの傾向を探り、希望する企業の現状も調べておこう。

■残業時間は仕事のハードさを反映

残業時間の情報を開示しない企業もある。また成果評価制度をとって、残業という考えが希薄な場合もある。このため、残業時間はあくまでも参考程度に受け止め、OB・OG訪問などで実質的な労働状況をチェックしたい。

休暇制度などの福利厚生も見落とせないポイント。リフレッシュ休暇や育児休暇、介護休暇など、企業によっては多岐にわたる制度を導入している。

■研修制度を活用してキャリア形成

社内研修会、資格取得支援など、企業によって各種の研修制度が設けられている。スキルアップのために企業がどのような制度を採り入れているかは調べておく価値がある。

各業界の待遇情報で全体を把握

P73〜95に、業界ごとの主な企業の待遇情報一覧を掲載した。Webサイト「EDINET」（運営：金融庁）ほかをもとに、原則として2024年３月までに入手した情報による。実際の就職活動に際しては、変化が予想される初任給など、各自で情報収集に努めよう。

■多様性への対応もチェック

女性活動推進法の規定にもとづき、従業員301人以上の企業は男女の賃金の差異の開示が必須となった。本書でもその欄を設け、女性の賃金を男性の賃金に対する割合で示している（原則として「全労働者」「全従業員」の数字を掲載）。参考にしてほしい。

管理職に占める女性労働者の割合、男性労働者の育児休業取得率も公表されている。「EDINET」などで確認するといいだろう。

こぼれ話　まずは企業ホームページや「EDINET」をチェック

企業分析には、各企業のホームページはもちろん、金融庁が運営するWebサイト「EDINET」（https://disclosure2.edinet-fsa.go.jp/WEEK0010.aspx）がおすすめ。書類簡易検索で気になる企業の有価証券報告書をピックアップすれば、従業員数や平均年収などをチェックできる。就職関連サイトなどと併せて活用しよう。

製造―素材

総合職の転勤は大前提

かつては本社と支社で別採用などもあったが、現在は事業所統合も進み、総合職は全国的な転勤が前提となっている。

ただし技術職や研究職は、その専門性から、長期にわたって同分野での就業となることが多い。

文系と理系の給与内容に違いがある

一般的に製造業では、文系出身者が事務系、理系出身者が技術系と職種が分かれる。職階は通常、係員→主任→係長→課長→部長→支店長・工場長と進む。統計では、係員の基本給は技術系が事務系を若干上回る。

また、生産現場という特性上、技術系は事務系の２倍程度の時間外手当などが支給されることもあるため、月収も技術系が事務系を上回ることが多い。

平均年収は化学をトップに鉄鋼・非鉄金属が続く

平均年収は業種や企業によって差がある。鉄鋼は30歳代後半には500万円台となり、40歳代前半から50歳代前半にかけてほぼ600万～700万円台に到達する。大手企業では最大で年収が800万円台後半に及ぶこともあり、素材業界では化学に次いで高めの数字。これに続くのが非鉄金属だ。

その他の業界の平均年収はゆるやかに推移

ガラス、セメント、ゴム・タイヤや合成ゴム、紙・パルプなどは300万円台でスタートして、30歳代後半から40歳代にかけて400万～500万円台となる、ゆるやかな上り調子を示している。

平均年収も400万～500万円台に落ち着き、大手でも600万円台にとどまる企業が少なくない。繊維はこれに次ぐ数字になっている。

給与体系は確実に変化している

給与は、年功序列から成果主義への移行が進み、コース別に職務や職能などを等級化するものも多い。入社したい企業の評価基準などをよく調べておこう。

平均勤続年数は長いが景気の動向に左右される

素材業界だけでなく製造業全体にいえることだが、平均勤続年数はエネルギー業界に次いで長い傾向にある。休日出勤などもほかの業界に比べて少なく、待遇面は整備されている。

ただし、景気の動向により需要の減少が業界全体に広がった場合、雇用抑制の波が拡大していく可能性もある。仕事と雇用のニーズを事前によく確かめて企業を選びたいところだ。

◆主な企業の待遇

業種	企業名	初任給（円）	平均年収（万円）	女性の賃金（対男性・%）	従業員数（人）	平均年齢（歳）	平均勤続年数（年）
鉄鋼	日本製鉄	227,500	825	64.7	28,331	39.3	17.2
	神戸製鋼所	225,560	606	78.9	11,368	39.5	15.3
非鉄金属	三菱マテリアル	227,000	697	61.8	5,450	42.2	17.8
	三井金属鉱業	234,000	779	67.6	2,252	42.1	13.7
化学	住友化学	245,400	911	74.9	6,637	41.5	15.5
	三井化学	243,000	892	82.9	5,042	40.4	16.8
	東ソー	244,392	762	74.7	3,846	38.4	13.5
ガラス	AGC	271,932	826	ー	7,412	43.3	17.6
	日本電気硝子	250,000	775	ー	1,687	45.3	23.2
セメント	太平洋セメント	240,000	730	68.2	1,841	40.1	17.8
	住友大阪セメント	235,500	692	66.0	1,243	42,7	18.7
ゴム・タイヤ	ブリヂストン	247,200	749	80.6	13,903	41.5	15.2
	横浜ゴム	223,600	645	ー	5,399	41.0	17.3
合成ゴム	JSR	248,000	829	72.1	1,526	40.2	13.7
	日本ゼオン	236,350	732	74.2	2,370	39.5	14.0
紙・パルプ	レンゴー	243,500	728	64.0	4,252	41.3	16.1
繊維	東レ	240,500	756	71.2	6,992	40.3	17.2
	東洋紡	227,500	634	62.1	4,015	40.9	14.7
	旭化成	233,180	761	68.1	8,787	41.5	13.9
	クラレ	260,000	727	75.4	4,251	41.9	18.3

※初任給は原則として、2024年３月時点で把握できた大卒総合職のもの

製造―電機・機械

成果主義の導入具合と春闘の動向にも注目

給与体系は年功序列から成果主義へ移行したが、その内容は様々。管理職ともなれば、職務内容などが類推しやすく評価も比較的容易なものの、非管理職では、業務内容の評価基準が曖昧で、各社試行錯誤が続いている。成果主義のリスクに対する企業側の配慮もしっかりと調べておきたい。

なお、トヨタ自動車は製造業だけでなく、春闘（各社の労働組合による賃金引き上げなどを要求する交渉）全体に影響力をもつ。春闘での相場を見て自社の方針を決める企業も、まだまだ多い。この動向にも注目しておこう。

いずれも50歳代に平均年収が600万円台となる

電機・機械業界の平均年収は総じて、300万円台からスタート。その後、50歳代で600万円台に至る程度のゆるやかな上昇となる。大手なら最大で平均年収が800万円台に届く企業もある。一部を除き医薬品業界などのような派手さはないが、製造業全体では高めの水準を維持している。

年齢ごとの平均年収の推移を比べてみると、電機・機械業界の各業種ともに似通っている。電機と電子部品を比べてみても、大きな差は見られない。

フレックスタイム制を導入する企業も多い

部署により、フレックスタイム制を導入している企業が、製造業全体の中でも多い。

また、実際の労働時間にかかわらず労使協定で定めた時間だけ働いたものとみなす「裁量労働制」は、主に研究職など専門業務型の職種での導入が多い。最近では生産販売営業など、事業計画をする企画業務型での導入も見られるようになっている。

内外を含めて、優秀な人材を幅広く求める

製造業でも、電機・機械業界は他産業に比べていち早く海外進出を始めた。社会情勢にもよるが、海外留学中の邦人学生や日本に留学・在籍している外国人留学生に対しての採用活動枠を広げているところもある。

大手・中小を問わず平均勤続年数は長め

電機・機械業界全体の平均年齢は40歳超と、同じ製造業中でも素材系と同程度以上の水準となっている。

また、平均勤続年数も15年以上のところが多く、大手・中小を問わず長め。どの業種でも規模が大きい企業ほど、各業種全体の平均より２年程度長くなっている。

◆主な企業の待遇

業種	企業名	初任給（円）	平均年収（万円）	女性の賃金（対男性・%）	従業員数（人）	平均年齢（歳）	平均勤続年数（年）
電機	日立製作所	232,000	916	66.4	28,672	42.9	19.3
	パナソニックホールディングス	240,000	909	85.0	1,347	43.6	18.3
	ソニーグループ	265,000～	1,102	82.6	2,445	42.4	16.4
	三菱電機	232,000	827	61.5	35,136	41.3	16.9
	シャープ	241,500	709	80.0	5,321	45.6	22.4
	NEC（日本電気）	237,000	843	73.7	22,036	43.5	18.1
	富士通	255,000	879	76.9	35,092	43.7	19.1
電子部品	京セラ	246,000	723	51.9	21,010	39.7	16.1
	TDK	244,900	790	65.4	5,902	43.0	17.9
	村田製作所	240,000	803	62.8	10,089	40.1	14.1
OA・精密機器	キヤノン	237,000	808	75.0	24,717	43.8	18.8
	リコー	242,000	839	78.0	7,470	45.6	20.7
工作機械	ファナック	260,950	1,284	36.1	4,515	40.2	14.2
建設機械	小松製作所	240,500～264,500	781	76.3	12,208	40.9	16.4
造船・重機	三菱重工業	235,000	919	73.3	21,634	42.1	18.8
	川崎重工業	240,000	737	66.3	13,662	40.9	15.2
自動車	トヨタ自動車	228,000	895	66.7	70,056	40.6	16.2
	本田技研工業	251,000	822	67.0	33,065	44.7	22.0
	日産自動車	230,000	851	81.9	23,525	41.7	16.4
	スズキ	220,000	686	64.4	16,550	41.2	18.6

※初任給は原則として、2024年３月時点で把握できた大卒総合職のもの

製造ー生活関連用品

平均年収は業種・企業の規模によって開きが大きい

生活関連用品業界の中では、業種によって平均年収にかなり開きがある。医薬品関連の大手では平均年収1000万円以上の企業がめだつ。また、化粧品や食品・飲料をはじめとした大手企業では、平均年収700万～800万円台のところもある。

しかし、そのほかの企業では平均年収300万円台や400万円台も珍しくない。生涯を通じての賃金上昇カーブは非常にゆるやかだ。

また、平均勤続年数については、食品関係の従業員数1000人以上の企業でも約12年という統計もある。残業時間も生活関連用品業界では多めで、こちらも業種や企業によって条件は大きく異なるといっていいだろう。

生活関連用品業界は景気の変動に強い一面も

同じ製造業でも素材系、電機・機械系の各企業が景気の変動に左右されるのに比べると、生活関連用品業界では極端な変化は見られない。生活必需品については、景気の影響は他業種より比較的小さいといえる。

ただし、物価高や節約志向の浸透などにより、アパレル業界などでは、一部の大手を除き収益が伸び悩むといった影響を受けることがある。

医薬品業界は研究開発志向

医薬品業界は、売上高に対する研究開発費の割合が全産業を通じてもっとも高い。

研究者には「職務発明」補償制度として、特許の存続期間中、数年ごとに対象商品の対象年数内の売上高をベースに算定して、補償金が支給される。

職種別採用が多い医薬品業界

医薬品業界では、研究職・MR（医薬情報担当者）・管理系スタッフ・生産技術スタッフなどの職種別採用が基本的なスタイルだ。

MRには裁量労働制、研究職にはフレックスタイム制の導入が多く見られるのも特徴だ。

独立事業主として働くコントラクトMR

MRは全国の事業所・営業所が配属先となるが、事前に希望勤務地を挙げることもできる。

また、製薬企業から営業・マーケティング活動を受託する「CSO（コントラクト・セールス・オーガニゼーション）」という事業もある。ここで働くMRをコントラクトMRともいう。いわば独立事業主として働くMRで、その需要も一定数ある。

◆主な企業の待遇

業種	企業名	初任給(円)	平均年収(万円)	女性の賃金(対男性・%)	従業員数(人)	平均年齢(歳)	平均勤続年数(年)
化粧品	資生堂	237,890	663	―	4,283	38.9	10.9
	コーセー	230,050	771	―	802	41.1	15.7
トイレタリー	花王	240,000	787	88.6	8,403	40.9	17.6
	ユニ・チャーム	210,000	843	―	1,433	41.5	16.2
	ライオン	237,530	680	―	3,190	44.2	17.0
食品・飲料	日本ハム	235,200	847	58.0	1,300	41.7	17.7
	味の素	245,000	1,048	68.8	3,335	44.6	20.3
	山崎製パン	238,400	560	―	19,750	38.6	15.2
	ニッスイ	225,000	799	54.8	1,485	43.0	16.3
	日清食品	235,000	790	80.0*	2,358	40.2	非公表
	雪印メグミルク	240,000	724	60.5	3,118	41.2	15.4
	森永乳業	222,000	774	64.3	3,325	39.8	16.5
	伊藤園	229,000	600	58.2	5,205	40.9	17.2
医薬品	武田薬品工業	277,000	1,097	76.5	5,486	42.8	14.0
	アステラス製薬	287,500	1,062	70.5	4,867	42.4	16.2
	第一三共	255,000	1,120	77.5	5,756	45.3	20.3
	中外製薬	240,000	1,214	―	5,103	43.4	16.8
アパレル	ファーストリテイリング	300,000	1,148	58.6	1,707	38.8	4.9
	しまむら	273,000	677	―	2,714	43.2	16.0
	アダストリア	250,000	423	―	4,520	32.9	8.1

※初任給は原則として、2024年３月時点で把握できた大卒総合職のもの

＊性別関係なく同一基準だが人数・等級・在籍年数などの違いで差が生じる

IT・通信・インターネット

平均年収は全体で400万～800万円台

各業界の最大手の平均年収はおおむね900万円台以上。特に情報サービスやインターネット業界などでは平均年収にばらつきがあるが、一般的には400万～800万円台に収まっている。

外資系と国内企業、企業規模で賃金に差が出る

外資系と国内企業では、初任給から差がある。国内企業の20代前半の平均年収が300万円そこそこであるのに対し、外資系は初年度で400万円を下らず、800万円超のところもある。国内企業平均の場合30歳代後半から50歳代にかけて年収500万～800万円台を推移するのに対し、外資系はこれにプラス300万円ぐらいという印象だ。

なお、国内企業の平均年収は、大手が700万～800万円台、ベンチャーや中小が400万～600万円台と見られる。

年俸制やフレックスタイム制の導入率が高い

成果主義の導入は進んでいるが、国内企業に関しては外資系ほど割り切ったものではない。インターネットやSNS業界では年俸制の導入が増えている。また、フレックスタイム制の導入も多く見られる。

さらに、SE（システムエンジニア）などには裁量労働制が導入されていることが多い。

平均年齢は30歳代後半から40歳代前半が中心

社員の平均年齢は、情報サービス業界全体で30歳代後半から40歳代前半が主流。通信業界はそれよりも若干高い。新興企業のめだつインターネットやSNS業界では30歳代がほとんどで、平均勤続年数も10年未満の企業が大半を占めている。

社歴によるものも多いので、単純に待遇のよしあしに結びつけることはできない。若くして責任ある仕事にチャレンジできる土壌があるともいえるからだ。

離職率はやや高めその内情は様々

離職率は、製造業や金融業などに比べると、やや高めとなっている。職種によっては時間外労働が月数十時間に達するなど、厳しい労働環境にさらされるケースもある。

ただし、ミスマッチによる離職もあれば、複数の企業を渡り歩くことでキャリアアップする人もめだつ。人材の流動はもともと激しい業界だ。終身雇用を前提にしていない人や、独立志向の強い人が多い業界でもある。

自己分析や業界研究をしっかりとした上で、企業の人材に対する考え方を調べておこう。

◆主な企業の待遇

業種	企業名	初任給（円）	平均年収（万円）	女性の賃金（対男性・%）	従業員数（人）	平均年齢（歳）	平均勤続年数（年）
ソフトウェア	トレンドマイクロ	（年俸）4,000,000	885	―	821	40.4	8.2
	オービック	310,000	1,006	72.9	1,888	36.1	13.2
	ジャストシステム	217,800	1,439	57.2	308	39.6	14.0
情報サービス	NTTデータ	253,040	867	71.4	12,714	39.0	14.5
	BIPROGY	220,000	816	75.9	4,442	46.3	20.9
	伊藤忠テクノソリューションズ	295,500	1,029	78.3	4,784	40.7	13.4
	SCSK	310,000	747	81.2	8,470	43.7	18.4
	富士ソフト	235,000	620	―	8,991	35.7	9.8
	大塚商会	260,000	857	―	7,524	41.8	17.5
	トランス・コスモス	221,000	489	61.9	16,791	37.2	9.3
	野村総合研究所	236,500	1,242	69.9	6,782	40.6	14.6
	日鉄ソリューションズ	233,000	870	74.1	3,563	40.0	12.8
	電通国際情報サービス（ISID）	250,000	1,128	―	1,842	40.9	12.0
通信	KDDI	270,000〜	943	77.0	9,377	42.5	17.4
インターネット	楽天グループ	300,000	797	―	8,409	34.4	4.7
	クックパッド	（年俸）4,200,000〜	824	―	324	35.1	3.8
	メルカリ	（年俸制、個別に異なる）	1,036	37.5	1,315	35.6	3.4
SNS・スマホ向けコンテンツ	MIXI	300,000〜	739	78.5	1,163	36.1	4.8
	ディー・エヌ・エー	（年俸）5,000,000〜	857	67.7	1,326	37.4	5.6
	グリー	350,000	811	79.7	363	38.2	6.3

※初任給は原則として、2024年３月時点で把握できた大卒総合職のもの

金融

統廃合や窓口業務削減が続く

金融業界では、買収・提携・経営統合などによる再編が途切れずに続いている。加えて、窓口業務の削減も顕著な方針で、従業員は減る傾向にある。

銀行の賃金上昇率は急勾配

銀行業界は、大手でも20歳代前半で平均年収が300万円強と、全業界と比べてみても標準的な数字。しかし、銀行では一般的に、40～50歳代にかけて800万～900万円程度まで平均年収が上昇していく。

証券業界もおおむね平均年収300万～400万円台でスタートして、30歳代後半で早くも平均年収1000万円台となるところがある。

メガバンク以外は企業によって平均年収の差が大きい

メガバンク系銀行の平均年収は、ほぼ700万～800万円台だが、地方銀行では700万円超は一部。また、信用金庫は、共同組織の金融機関で利益第一主義をとらないという性格もあって、年収は全体平均で500万円台とやや低め。

しかし、地方銀行その他は、全国転勤の可能性が低く、地元では年収水準が高めであることも事実だ。

証券業界は職種間・個人の能力別格差が激しい

証券業界は高所得のイメージがある。外資系では、20歳代で年収が数千万円に及ぶ人もいるといわれるが、営業や投資部門での話で、報酬体系も他部門とは異なる。平均年収の多寡のみで就職先を判断しないように心がけよう。

労働環境は自己判断にもよる

金融業界の労働環境は、決してゆるやかなものとはいえない。ただし、すべての人ではなく、従来のいわゆる一般職に相当する職種では時間のゆとりがあり、転勤も原則伴わない。

プライベートな時間を優先するか、キャリアアップにこだわるかで労働環境の受け止め方は異なってくる。

平均勤続年数は総じて長め

金融業界の平均勤続年数は総じて長め。銀行全体としては14年程度、地方銀行では20年超のところもある。ノンバンクなどでも大手の平均勤続年数は長い。

中には再編により、統計上の平均勤続年数をリセットする場合もある。極端に短い勤続年数については、その実態をよく確かめることが必要だ。

◆主な企業の待遇

業種	企業名	初任給（円）	平均年収（万円）	女性の賃金（対男性・%）	従業員数（人）	平均年齢（歳）	平均勤続年数（年）
銀行	三菱UFJ銀行	255,000	785	49.6	32,786	39.4	15.4
	三井住友銀行	255,000	843	45.4	27,839	39.4	16.1
	りそな銀行	255,000	691	51.4	8,206	41.1	16.9
	あおぞら銀行	265,000	870	66.6	1,980	43.8	15.7
	セブン銀行	238,700	699	77.0	549	41.4	7.6
	東京スター銀行	260,000	808	―	1,306	42.7	10.5
	三井住友信託銀行	260,000	716	50.2	13,757	41.8	14.6
証券	大和証券	290,000	1,092	63.0	5,194	39.1	14.9
	松井証券	300,000	914	―	180	38.8	11.4
生命保険	日本生命保険	241,000	（内勤月額）33.3	38.8	70,714	45.6	11.5
	明治安田生命保険	294,820	（内勤月額）38.1	45.0	47,385	46.6	11.9
	住友生命保険	260,000	（内勤月額）35.6	36.5	44,049	46.5	13.6
損害保険	東京海上日動火災保険	263,240	863	51.2	16,645	42.3	12.7
	三井住友海上火災保険	264,000	747	43.6	12,572	41.9	14.6
	あいおいニッセイ同和損害保険	259,123～260,133	669	52.8	12,741	43.2	14.9
ノンバンク	アコム	260,000	646	63.6	2,071	41.1	15.3
	クレディセゾン	246,000～	547	65.3	3,966	43.2	14.0
	アイフル	247,000	570	53.8	1,059	39.9	15.1
	ジャックス	225,000	606	56.9	2,694	40.9	15.4
	三井住友ファイナンス＆リース	260,000	890	57.7	2,242	42.7	14.3

※初任給は原則として、2024年３月時点で把握できた大卒総合職のもの

エネルギー

教育制度がしっかりしている業界

エネルギー業界は全般的に、社員の教育制度が充実しているといわれる。たとえば、大学院進学や留学の機会が得られる制度などがある。これらはおおむね社内選考が行われ、希望者の中から選抜された人が参加できるしくみ。目標設定がしっかりできている人やスキルアップしたい人には、学ぶチャンスが与えられているといえる。

また技能認定研修や、資格取得支援策なども他業界と比べると手厚く揃っている。社内独自に行われる研修会はもちろん、公的資格試験や講習会へのバックアップも行われる。資格取得にかかった費用の支給や、講習会出席のために一定期間勤務制度を変更するなど、企業により様々な育成プログラムが採り入れられている。

勤務形態は比較的安定

ガス業界などの平均残業時間数は少なめで、離職率も低い。社員個々人に対するフォロー体制の整った、恵まれた環境が用意されている。

なお、職務によって差はあるが、海外勤務を経験する社員も少なくない。1か月程度の短期から3年程度の長期まで、各企業によって様々だ。

石油大手は平均年収700万〜900万円台

石油大手各社の初任給は高めで、平均年収も700万〜900万円台。平均勤続年数も長い。

大企業同士の経営統合も完了し、市場の動きは落ち着いてきている。

電力大手の平均勤続年数は20年超

主要電力会社10社の平均年収は700万〜800万円台。入社当初は300万円台だが、順調に昇給していけば30歳代後半から40歳代前半にかけて700万〜800万円台に差しかかる。50歳代前半で900万円台に達し、また、平均勤続年数も20年超と非常に長い。

ガス大手の平均勤続年数は17年以上

ガス業界の平均年収は、大手でも700万円前後。それ以外の企業も500万〜600万円台でばらつきがある。電力業界同様、こちらも主要各社の平均勤続年数は17年以上で、準大手以下はそれに次ぐ数字となっている。

電力・ガスの小売自由化や、脱炭素化をめざす社会の中で、国内のエネルギー運用全体が見直されてきている。顧客獲得の競争も激しくなっている中で、どの業種のどの企業を選ぶべきか、慎重に見極めたい。

◆主な企業の待遇

業種	企業名	初任給(円)	平均年収(万円)	女性の賃金(対男性・%)	従業員数(人)	平均年齢(歳)	平均勤続年数(年)
石油	出光興産	247,000	950	71.4	5,089	42.1	17.8
	INPEX	300,000	969	ー	1,349	39.9	13.7
	富士石油	245,000	727	72.2	485	42.7	20.1
	三愛オブリ	285,000	748	67.2	366	40.7	17.0
	石油資源開発	261,872	857	66.6	954	40.5	15,7
電力	東京電力ホールディングス	225,700	814	84.1	7,051	45.0	22.2
	関西電力	216,000	856	65.0	8,474	42.8	20.4
	中部電力	224,000	851	65.1	3,153	43.8	21.5
	北海道電力	214,500	751	61.3	2,315	41.3	19.7
	東北電力	224,000	797	65.9	4,901	43.7	20.5
	北陸電力	215,000	726	61.8	2,700	43.2	22.1
	中国電力	218,000	809	69.8	3,674	42.3	20.7
	四国電力	214,000	760	65.5	2,199	42.4	19.5
	九州電力	220,000	770	67.2	4,774	42.5	21.6
	沖縄電力	210,500	775	76.7	1,536	42.7	20.3
	電源開発	242,800	805	57.6	1,816	41.5	19.0
ガス	東京ガス	260,000	718	73.8	3,060	43.1	18.1
	大阪ガス	209,000	685	76.8	1,163	44.4	17.9
	東邦ガス	230,000	577	73.3	1,638	41.5	16.6
	日本ガス(ニチガス)	225,000	585	62.6	1,052	38.1	10.3

※初任給は原則として、2024年３月時点で把握できた大卒総合職のもの

交通・運輸

勤務地は全国各地

交通・運輸業界では営業所や支社が全国各地にあるため、転勤は頻繁に行われている。

陸運・鉄道・航空は労働組合の存在が大きい

陸運・鉄道・航空業界などでは労働組合(労組)の存在が依然として大きい。どの労組にも弊害・利点ともにあるが、団体交渉力を有している環境は心強い。

単に表面的なものだけを見ず、労使関係について考えてみることも就職前には大切だ。

海運大手は高収入だが市況の影響にも注意

交通・運輸業界で平均年収がもっとも高いのは海運。大手とそれ以外では大きな差があるが、大手では平均年収が1300万円超のところも。ただし、市況の影響を受けやすい業界でもあるため、動向に注意を払っておきたい。

2024年問題はどう影響？

陸運、特にトラック業界では2024年問題に注目だ。４月から年間時間外労働960時間の上限規制が本格的に適用される。そのため物流各社が十分な運転手を確保できず、安定的な長距離輸送が困難になると予測されている。

こうした危機が、思い切った待遇改善につながるのか、それとも物流効率化のほうに進むのか、興味深い。

成果主義の導入状況は企業により様々

交通・運輸業界の中でも、特に年功序列の根強そうな鉄道業界。多くの人命をあずかる業種への成果主義導入をあやぶむ声もあったが、導入は着実に進行している。

ただし、その内容は同じグループであっても各社様々。キャリア形成の仕方や昇進方法とともに、企業倫理にも注目することが大事だ。

研修プログラムは充実している

交通・運輸業界では総じて、入社後すぐの新入社員研修や２～５年目のブラッシュアップ研修など、研修制度がしっかりとしている。

専門知識を磨く上で、恵まれた環境が用意されている。

鉄道業界は腰をすえて働きたい人向け

鉄道各社の平均勤続年数は20年前後、業種単位で比較するならエネルギー業界の電力各社などに次ぐ長さ。１つの会社に長く勤めたい人には、魅力的な就職先といえそうだ。

交通・運輸業界の中では、比較的安定しており、入社後の待遇も整備されている。

◆主な企業の待遇

業種	企業名	初任給（円）	平均年収（万円）	女性の賃金（対男性・%）	従業員数（人）	平均年齢（歳）	平均勤続年数（年）
陸運	山九	233,890	599	63.3	12,233	40.9	15.0
	ロジスティード	220,400	842	75.6	1,199	43.2	20.1
	近鉄エクスプレス	235,000	616	68.5	1,253	38.4	13.4
	福山通運	212,200	504	57.1	10,378	44.7	15.3
航空	日本航空	239,000	848	46.7	12,969	40.8	15.9
海運	日本郵船	275,000	1,322	81.8	1,299	39.9	14.2
	商船三井	275,000	1,517	56.3	1,168	37.8	13.5
	川崎汽船	260,000	1,329	57.7	804	39.0	14.6
倉庫	三菱倉庫	240,000	876	64.6	957	40.4	16.0
	住友倉庫	240,000	785	56.9	835	37.3	13.5
	上組	235,000	620	59.9	3,674	40.5	16.4
鉄道	JR東日本	239,725	677	88.3	41,147	38.3	15.7
	JR東海	238,100	710	76.0	18,727	36.4	15.5
	JR西日本	229,586	597	77.6	21,727	38.1	14.9
	東急	236,000	797	68.2	1,482	43.7	15.1
	名古屋鉄道	300,000	594	75.3	4,987	44.7	24.1
	東武鉄道	217,000	652	80.6	3,346	47.5	26.6
	京王電鉄	230,000	710	67.5	2,410	41.7	17.9
	小田急電鉄	236,600	717	62.7	3,712	42.0	21.1
	東京地下鉄	227,800	729	60.7	9,721	38.6	17.3

※初任給は原則として、2024年３月時点で把握できた大卒総合職のもの

建設・不動産・住宅

建設業界の給与は企業規模によって差が出る

建設業界の給与額は、企業規模によって大きく差がある。たとえば7000人以上の従業員を抱える大手ゼネコンでは、平均年収は900万～1000万円台と高水準にある。

これが準大手クラスだと平均でほぼ800万円台になり、中堅クラスだと500万～800万円台になっている。

不動産業界の給与は職種の違いで大きな差

不動産業界では、販売第一線の営業職に高給が用意されている。モデルルームなどで実際に顧客と接する営業職では、残業手当なども高めに設定されており、販売成績によって報酬が用意されていることもある。

待遇を含めた給与体系については、事前にしっかりと下調べをしておこう。

建設・不動産業界はともに休日出勤が多い

建設業界では土曜日の出勤が多く、残業も長時間に及ぶ傾向にある。不動産業界でも土曜、日曜に休むことは基本的に無理。公休日が平日になることは前提にしておこう。

また、繁忙期になれば連日残業が続くことも珍しくない。

建設業界では担当によってライフスタイルも大きく変化

どのような工事を担当するかで、その後の生活設計も左右される。たとえば大規模プロジェクトを担当することになった場合などは、現場駐在が数年に及ぶこともあり得る。

担当した案件の規模・場所によってライフスタイルも変わるため、同じ企業に入社した同期の間でも大きく差が出ることは避けられない。

不動産業界に入社したらまず営業

不動産業界では、新入社員はまず営業職に配属されることが多い。そこで販売企画から販促ツールまで、あらゆることに携わっていく。

そして入社後10年程度たった頃から、物件の販売価格決定なども任されるようになる。

不動産業界の特典は自宅を購入する際の割引

自社が建設したマンションや一戸建てを購入する場合に、代金の割引制度が設けられている場合がある。物件情報に日々接している上、目利きができるため、この割引制度を利用して自宅を購入する社員も多い。不動産業界で働く魅力の１つだ。

◆主な企業の待遇

業種	企業名	初任給（円）	平均年収（万円）	女性の賃金（対男性・％）	従業員数（人）	平均年齢（歳）	平均勤続年数（年）
ゼネコン	鹿島建設	280,000	1,164	56.2	8,129	43.9	18.1
	大林組	280,000	1,032	65.2	9,134	42.7	17.0
	清水建設	265,000	972	62.2	10,845	43.4	15.9
	大成建設	265,000	993	59.2	8,613	43.0	18.1
	竹中工務店	280,000	1,010	－	7,751	44.3	18.6
	戸田建設	251,000	835	60.9	4,215	44.1	18.0
	五洋建設	280,000	885	57.4	3,222	41.6	17.1
プラントエンジニアリング	千代田化工建設	216,000	893	66.3	1,624	41.8	12.2
	東洋エンジニアリング	223,000	855	71.1	974	43.4	16.6
不動産	三井不動産	310,000	1,269	48.6	1,973	40.2	10.6
	三菱地所	305,000	1,246	52.2	1,091	40.2	14.0
	住友不動産	305,000	713	59.7	5,757	42.9	8.4
	森ビル	260,000	887	68.4	1,539	43.5	15.9
住宅	大和ハウス工業	240,000	928	61.3	16,093	40.1	15.4
	積水ハウス	235,000	834	53.0	14,932	43.6	16.8
	積水化学工業	240,000	913	68.6	2,818	43.9	16.2
	住友林業	250,000	898	－	5,139	43.8	16.1
住宅設備・建材	TOTO	240,000	706	60.5	7,934	44.3	18.1
	三協立山	247,000	530	72.7	4,968	46.0	22.5
	リンナイ	221,300	667	60.4	3,587	40.2	18.3

※初任給は原則として、2024年３月時点で把握できた大卒総合職のもの

流通・小売

百貨店で働く特典は社員割引販売制度

百貨店に勤務する際の特典として、社員割引販売制度がある。自社の商品やテナントに入っているブランド商品を、安価で購入できる。品物によって割引率は異なり、定価の数割OFFになるケースもある。

土日祝日には休めないのが流通・小売業界

流通・小売業界では、来店客が増える土曜、日曜、祝日に休みを取ることは困難。平日に各自が休めるようシフト制が敷かれている。お盆やゴールデンウィークなどの連休時も同様。ただし、百貨店業界では連続休暇が可能なので、時期をずらしてオフシーズンを利用することで旅行などを楽しめる利点もある。

スーパーやコンビニ業界でも、企業によって制度の導入が見られる。しかし、現実的には連続休暇を取りにくい環境のため、この限りではない。

スーパー業界は管理職になるほど長時間労働に

一般社員に限っていえば、繁忙期以外の残業はあまりないといえる。しかし責任者や管理職になると、店舗の営業時間外での仕事も増え、長時間労働が多くなる。

配属枠を自分で選べる企業も

スーパー業界では、入社時の職種別採用や、入社後の研修で、配属枠を選択できる企業がある。たとえば転勤が全国に及ぶが、昇進の制限がない「全国」、転勤はある一定区画内でのみ行われる「ブロック」、限定地域のみの勤務を希望する「地域」などに区分されている。

こういった区分の場合、大卒新入社員の多くは「全国」を選んでいる。区分による待遇面の差はそれほどないが、昇進面で開きが出ることがある。

コンビニ業界では転勤が多い

コンビニ業界のスーパーバイザーやエリアマネージャーになると、数年ごとに異動がある。また、24時間営業の店舗に対応しなければならないため、勤務時間は長時間にわたり、休日返上で働くことも多いのが現状だ。

平均年収は総じて低め

小売業界は総じて給与が低め、全体の平均では、年収はようやく400万円台。老舗の百貨店・スーパーでも500万～700万円台だが、勤続年数は長い。一方で近年は、販売不振による店舗の統廃合も見られる。

◆主な企業の待遇

業種	企業名	初任給（円）	平均年収（万円）	女性の賃金（対男性・%）	従業員数（人）	平均年齢（歳）	平均勤続年数（年）
百貨店	髙島屋	240,000	707	–	4,012	48.6	25.1
スーパー	ライフコーポレーション	233,000	542	63.4	7,117	41.0	15.3
	イズミ	224,800	559	53.4	2,852	40.8	16.3
	平和堂	220,000	549	–	3,613	41.6	17.8
コンビニエンスストア	ファミリーマート	220,000	642	–	5,718	41.3	11.8
	ローソン	223,000	653	–	4,454	42.1	15.2
	ミニストップ	220,000	613	–	607	44.7	17.2
通信販売	アスクル	266,667	769	78.9	897	41.0	9.1
	ファンケル	226,000	619	50.2	896	41.0	12.8
家電量販店	ビックカメラ	252,000	483	66.4	4,448	36.5	12.3
	エディオン	230,300	504	42.7	8,087	42.5	17.6
	ノジマ	255,000	495	78.8	2,712	32.5	8.0
ドラッグストア	サンドラッグ	211,150	524	39.6	3,895	34.3	8.9
	コスモス薬品	247,000	437	45.7	5,282	30.7	6.5
ホームセンター	コーナン商事	226,000	498	–	3,362	40.1	14.2
	コメリ	225,000	504	47.0	3,931	37.0	11.0
雑貨	良品計画	250,000	620	61.5	2,874	38.4	8.3
紳士服	青山商事	231,360	459	54.7	2,746	36.8	13.5
靴	チヨダ	219,147	485	–	1,230	47.5	23.1
スポーツ用品	アルペン	230,000	592	62.9	2,703	42.7	16.8

※初任給は原則として、2024年３月時点で把握できた大卒総合職のもの

サービス・レジャー・アミューズメント

外食産業の給与は企業によって異なる

外食産業は企業規模にも、扱う品目にも幅があるため、給与にもばらつきが見られる。

飲食業全体では300万～400万円台が平均年収という統計もあるが、大手企業では600万～700万円台のところもある。店舗の運営が激務のためか、企業によっては平均勤続年数が短めなのもこの業界の特徴だ。

外食産業の待遇面改善も期待

外食産業では自ら店に出資することで、利益が上がればその一部を受け取れる「ストックオプション制度」や、年俸制を導入する企業も見られる。ただ、全般に待遇面での改善が望まれる業界だ。

現場から管理部門への異動が外食産業の流れ

外食産業において、新入社員はまず店舗に配属される。ここで現場を知り、それから管理部門へと異動していく。

ここ数年は内定者を対象に、就職前にアルバイトとして店舗で働くことをすすめる企業が増えている。現場の厳しさ、楽しさを知ってもらおうとする企業側の考えによるものなので、まずは積極的にトライしたい。

社会的なニーズの高い介護サービスや警備

介護サービスや警備などは400万～500万円台の平均年収である一方、今後も社会的なニーズの高い業界。仕事の中身、やりがいなどを含めて就職先として総合的に判断したい。

レジャー業界の給与はおしなべて低め

ホテルや旅行、テーマパークなどのレジャー業界全体の平均年収は、40歳代後半で400万円台。旅行業界では、一定の職位になると成果給制がとられることもある。

アミューズメント業界では、大手の平均収入で800万～900万円台に達する映画・ゲーム業界をはじめ、総じてレジャー業界より高めだ。

旅行業界に入社したらまず法人営業担当

大手旅行会社では、全国勤務とエリア選択勤務に分けて応募できるところもある。名称は様々だが、全国が勤務地の場合や、職種の限定がないコースなどでの採用者はまず法人営業を担当することが多い。

一方、地域限定・職種限定のコースでの採用者は、企画や仕入れのセクションで働く場合が多く見られる。

◆主な企業の待遇

業種	企業名	初任給（円）	平均年収（万円）	女性の賃金（対男性・%）	従業員数（人）	平均年齢（歳）	平均勤続年数（年）
フードサービス	サイゼリヤ	227,000	660	51.5	2,073	40.5	14.8
	ダスキン	222,600	728	44.1	1,989	46.1	15.3
	モスフードサービス	220,000	637	60.1	526	42.5	16.1
	オリジン東秀	260,000	572	–	561	38.7	11.7
	ゼンショーホールディングス	250,000	644	60.3	684	39.3	8.5
	王将フードサービス	226,500	533	57.0	2,211	36.7	11.3
警備	セコム	203,700～263,500	601	72.9	15,923	44.0	17.6
	綜合警備保障	256,100	555	73.0	12,041	40.9	17.8
ブライダル	テイクアンドギヴ・ニーズ	258,100	456	67.5	1,358	32.5	6.5
フィットネス	セントラルスポーツ	218,500	532	94.5/90.3*	925	40.5	16.5
ホテル	ニュー・オータニ	220,400	514	70.9	1,301	41.8	19.4
	帝国ホテル	221,330	503	64.8	1,607	40.1	16.5
	リゾートトラスト	221,100	583	67.4	5,268	36.5	9.6
旅行	エイチ・アイ・エス	200,000～220,000	410	–	3,822	36.9	12.4
テーマパーク	オリエンタルランド	255,000	562	77.7	5,213	40.7	10.8
アミューズメント	東宝	240,000	898	–	357	39.3	14.3
	東映	247,300	892	74.6	368	42.7	16.5
	JVCケンウッド	232,000	697	80.3	3,130	50.9	24.8
	任天堂	256,000	986	70.1	2,779	39.9	14.3
	カプコン	235,000～	766	67.1	3,027	37.6	11.0

※初任給は原則として、2024年３月時点で把握できた大卒総合職のもの　＊管理職/一般職

マスコミ

新聞記者は転勤を前提に

新聞記者の場合、大手一般紙では入社するとまず地方支局を１～２か所、年数にして４～６年程度経験する。その後本社へ戻り、30歳代半ば以降に再び地方支局へ異動するパターンが多い。全国各地への転勤があることを前提にしたほうがいいだろう。同様に、海外支局への転勤の可能性があることも念頭に置いておきたい。

一方で、キャリアを積む分野にはあまり変動がないのが特徴だ。一度記者になると、他の職種への異動はほとんどない。その逆に管理部門から記者への異動も滅多にない。また、政治部から社会部へといった部局間の異動も多くはない。

出版業界の給与は企業規模によって大きな差

大手出版社と、実質的に同じ仕事をする中小出版社では、２倍程度の年収格差がある。大手出版社には年収が最大で1000万円近くに達するところもあるが、中小出版社では400万～500万円台のところも少なくない。

その分、大手は人気も高く、狭き門。やりたい仕事と給与のバランスを考えた上で、就職活動をしたほうがいいだろう。中小の出版社で経験を積んでから、経験者採用を狙う手もある。

放送業界の給与も企業間で格差あり

放送業界もまた、大手のキー局に勤務する場合は、年収が優に1000万円台に届くことがある。

一方、下請けのプロダクションでは500万円台ぐらいの場合もあり、２倍以上の開きがある。

異動の多い放送業界

ディレクター職から営業職へ、といった配置転換は比較的頻繁にある。

なお、休日返上で何か月も働くようなことも少なくない現場に比べ、管理部門で働く場合は定時に終業し、休日もカレンダーに準じて取得できるなど、待遇が異なる。

広告業界も激務で給与に差が出る

広告業界は、携わるプロジェクトによっては休日出勤も多く、労働時間も長時間にわたる激務をこなすことが少なくない。

給与は一部の大手とそれ以外で差が出る。大手代理店では、40歳代前半には年収が1000万円を突破するところもある。逆に、中小代理店では600万円台に届くかどうかが平均年収の相場。新興企業の中ではそれ以下も見られるようだ。

◆主な企業の待遇

業種	企業名	初任給（円）	平均年収（万円）	女性の賃金（対男性・%）	従業員数（人）	平均年齢（歳）	平均勤続年数（年）
新聞	朝日新聞社	323,013	1,147	84.5	3,487	46.6	22.3
	日本経済新聞社	288,000	1,232	−	2,630	44.3	18.6
	神戸新聞社	238,240	798	−	477	46.1	20.4
	西日本新聞社	225,750	849	56.1	471	46.0	19.3
	岩手日報社	226,600	691	63.4	244	41.4	17.2
テレビ	NHK	218,360	（35歳モデル年収）660	75.7	10,268	42.0	18.1
	テレビ朝日	243,030	1,474	85.7	1,232	43.9	18.6
	WOWOW	235,000	1,078	76.9	307	40.9	14.4
インターネット・動画配信	U-NEXT	225,000〜250,000	555	66.3	208	36.4	8.1
出版	KADOKAWA	260,000	857	74.1	1,998	41.9	（19年7月起算）3.1
	講談社	268,260	非公表	85.4	944	43.6	18.4
	ぴあ	234,000	726	58.3	285	40.8	13.2
	文溪堂	210,000	650	−	208	41.1	13.8
	ゼンリン	232,000	519	73.2	2,435	46.6	17.1
出版取次	トーハン	220,000	574	71.0	1,043	43.1	19.6
印刷	TOPPAN	233,000	706	66.6	10,843	43.0	13.7
	大日本印刷	235,000	797	79.6	10,107	43.8	20.1
	共同印刷	230,000	583	61.9	1,893	43.9	16.0
	朝日印刷	251,000	458	65.2	1,161	36.1	13.2
広告	サイバーエージェント	（年俸）5,040,000	806	77.6	2,225	33.3	5.9

※初任給は原則として、2024年3月時点で把握できた大卒総合職のもの

商社・教育・人材・コンサルティング

大手総合商社は30歳代で年収1000万円に

商社はおおむね他業種より給与が高い。中でも大手総合商社は、30歳代で早くも年収1000万円を超えるといわれる。その後の上昇率もゆるやかな右肩上がりで、大きなトラブルに見舞われない限り、将来設計も描きやすい。

しかし最近は、年功序列から成果主義へ給与体系が移行してきているため、大きく変わっていく可能性もある。

商社の特典は割引制度

多種にわたる商品を扱う商社には、社員対象の割引制度もある。有名ブランドのバッグをはじめ、時計や電化製品など様々なものが出品され、これらを数割引きで購入できるといわれる。

商社の社員に転勤は付き物

国際社会を舞台にする商社の社員は、海外赴任を経験することが多い。赴任先は、アメリカやヨーロッパなどとは限らない。日本の文化や慣習とは大きく違いのある国々でも生活することがあるため、家族の理解も必要になる。

また海外だけでなく、子会社への出向などもあり、転勤は必ずあるものと想定しておいたほうがいいだろう。

法改正に左右される人材サービス業界

教育業界は平均年収500万～700万円台。社歴の長い大手では、安定した職場も増えてきている。

人材サービス業界は、「労働者派遣法」の改正や働き方改革関連法の施行など規制の緩和・強化、さらには景気の動向に左右されやすいのが特徴だ。

各企業ともに、残業はやや多め。新興企業が多いとはいえ平均年齢は30歳代、平均勤続年数が一ケタのところも見られる。社内状況はOB・OG訪問などでよく見定めておきたい。

コンサルティング業界は実力主義

給与は全体的に高く、特に外資の戦略系コンサルティング会社は、入社2～3年で年収1000万円以上の人も珍しくないといわれる。究極の実力本位主義のため、成果を上げれば、それに見合った収入を得られる。一方で、成果を出せなかった場合は会社を去らなければならなくなることもある。

勤務体系に決まったものはなく、自分で管理する「裁量労働制」や「フレックスタイム制」の企業がほとんどだ。

転職者も多く、ヘッドハンティングも日常的に行われている。

◆主な企業の待遇

業種	企業名	初任給（円）	平均年収（万円）	女性の賃金（対男性・%）	従業員数（人）	平均年齢（歳）	平均勤続年数（年）
総合商社	三菱商事	305,000	1,939	64.4	5,448	42.9	18.5
	三井物産	270,000	1,784	56.9	5,449	42.3	18.1
	伊藤忠商事	305,000	1,730	59.1	4,112	42.4	18.3
	豊田通商	285,000	1,180	57.8	2,626	43.1	17.2
	丸紅	305,000	1,594	60.2	4,340	42.3	17.6
	住友商事	305,000	1,606	59.6	5,068	43.2	18.4
	双日	305,000	1,208	57.3	2,523	41.7	15.4
	兼松	290,000	1,204	61.8	798	38.5	13.7
専門商社	三菱食品	235,000	691	58.0	4,080	44.7	19.4
	スズケン	216,500～254,500	612	59.7	3,232	47.0	21.8
	岡谷鋼機	260,000	863	－	668	39.1	13.5
	ユアサ商事	260,000	781	55.4	1,103	38.7	12.8
	リョーサン	220,000	667	65.8	598	44.1	16.1
	伊藤忠エネクス	250,000	953	55.1	490	41.7	15.7
教育	TAC	221,000	516	67.9	527	43.9	14.1
	ナガセ	267,100	795	74.7	477	38.0	11.2
	早稲田アカデミー	249,800	529	50.6	1,018	37.9	8.8
人材サービス	メイテック	221,600	600	78.8	8,331	39.3	13.1
	アルプス技研	230,000	508	81.5	4,337	35.7	9.2
コンサルティング	三菱総合研究所	238,900	1,104	77.5	1,150	41.7	13.1

※初任給は原則として、2024年３月時点で把握できた大卒総合職のもの

3 各業界の仕事を理解しよう

業界の特徴や今後の展望をつかんだら、それぞれの業界にどんな仕事や職種があるのかを理解しよう。そして、それぞれの職種が企業の中でどんな役割を担っているのか、全体像をつかもう。

事業の流れがつかめれば、やりたいことが見えてくる

それぞれの業界には、その業界ならではの職種や仕事がある。この節では、業界ごとの事業の流れや、そのプロセスの中で、どんな職種がどんな役割を果たしているのか、概要を理解しよう。自分がどの部分に携わりたいのか、自然と見えてくるのではないだろうか。

一般の人の目にはふれない、耳なじみのない職種も、この機会に知っておくといいだろう。今まで知らなかった仕事が、意外に魅力的であることを発見できるかもしれない。業界への理解を深め、自分がやりたいことを明確にすることができれば、就職活動でロスがなくなるだろう。

なお、業界にかかわらず、ほとんどの企業に存在する部門や仕事もある。まずはこのページで、各業界共通の部門や職種を把握しておこう。同じ職種でも、業界や企業によって仕事の内容は若干変わってくるので、概要として紹介していく。

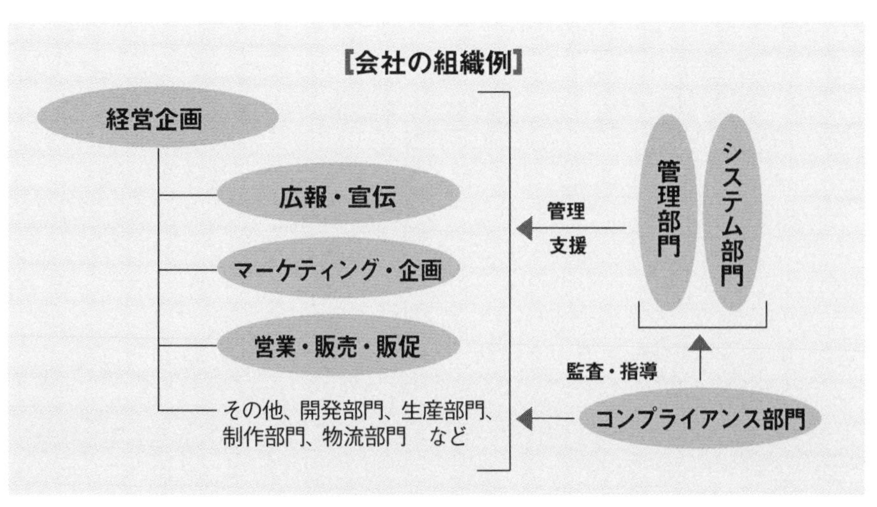

経営に近いポジションで会社の方向性を決定

経営全般の課題に取り組み、分析を行い、経営戦略の策定を行うのが経営企画。事業企画は、既存事業の見直しや次の展開、新規事業に関する企画・立案を行う。

社内の全部門の活動を管理・支援する管理部門

管理部門は、会社組織を円滑に運営するための部門。次のような部署や仕事がある。社内の施設や環境の整備、備品の調達・管理、行事の企画・運営などを行う総務・庶務。企業の「お金の動き」を管理する経理・会計。経理とともに予算や決算業務を行い、資金調達や運用まで担う財務。社員の採用や教育、労務管理、人事制度を企画する人事。法律のスペシャリストとして、法に関するトラブルの防止やトラブル時の対応をする法務。その他、来客に対応する受付・窓口業務もある。

最近では、企業の社会的責任という観点から、法令や社内ルールを遵守するための管理業務を行うコンプライアンス部門を設けている企業もある。

自社と社会を結ぶ窓口となる広報・宣伝部門

広報・宣伝は、社会に対して企業活動を伝える仕事。新聞・雑誌・テレビなどのメディアを通じ、企業そのものに関する情報のほか、自社の製品やサービスなどもPRする。自社ホームページやSNSを使った広報・宣伝のため、ホームページやSNSの更新・管理を行うWeb担当も置かれる。

さらに、株式を公開している企業であれば、投資家向け広報を担うIR（Investor Relations）が重要なポジションとなる。

事業の方向性を判断する材料を揃えるマーケティング部門

市場動向の調査・分析を行うリサーチ・マーケティング。この結果をベースに、事業戦略や商品開発、営業・販売戦略などが策定される。マーケティングと同部門に、商品企画・サービス企画・営業企画・販促企画などの各種企画担当が置かれているケースも多い。

収益を上げる最前線に立つ営業・販売・販促部門

多くの業界は、自社の製品やサービスを企業や一般消費者などの「顧客」に提供することで収益を上げている。

顧客に自社商品やサービスを案内・提案して受注する営業部門、あるいは来客に対応して商品の販売を行う販売部門、消費者の購入や利用を促進する販売促進部門などは、業界によってスタイルは異なるが、ほとんどの企業に存在する。

社内システムを管理するシステム部門

最近では、社内SE（システムエンジニア）を抱える企業も増えている。社内システムが問題なく動くように管理したり、社内ユーザーからの質問やトラブルに対応したり、新しいシステム構築の際には外注先との窓口ともなる重要なポジションだ。

製造

製造業にほぼ共通する職種を理解しよう

一般的に、製造業（メーカー）の仕事は図のような流れで進む（完成品メーカーの場合。受注生産型の企業は流れが異なる）。それぞれのプロセスに次のような職種がかかわっている。

①**研究・開発・設計技術者**が、新しい素材や技術、製品を開発する。

②**マーケティング**（企画）が行った市場動向・消費者ニーズなどの調査・分析を踏まえ、**商品企画**が各部門から意見を聞きながら具体的に商品を企画。**デザイナー**は商品やパッケージのデザインを行う。

③製品の製造に必要な原材料・部品を**購買**が仕入れる。

④**生産技術**が、製品を量産するための技術やラインの開発を行う。海外で生産を行うケースも多いため、海外工場での技術指導も担う。

生産に入れば、工程管理から製品の完成、出荷までの流れを**生産管理**または**品質管理**が担当する。

⑤新商品に関するプレスリリースを作成して報道機関に送ったり、取材に対応したりするのが**宣伝・広報・販売促進**。広告の作成や、キャンペーンの企画も行う。

⑥商品の販売活動を担うのが**営業**。扱う製品や営業方針によって「企業」「小売業者」「一般消費者」など、対象者が異なる。

⑦**物流（ロジスティクス）担当**が製品の運搬のほか、効率的な物流ルートの企画やシステム構築を行う。

⑧**カスタマーサポート**が、商品への質問や相談、クレームなどに対応。顧客や消費者とのコミュニケーションと関係強化を図る。部門ごとにアウトソーシングされることも多い。

⑨**マーケティング**（結果調査）が売り上げ・購買層・購買行動の傾向を調査・分析することにより、次の商品開発に活かす。

■メーカーの仕事の流れ（完成品の場合）

①研究・開発・設計
↓
②商品企画
↓
③資材調達
↓
④生産
↓
【製品完成】
↓
⑤宣伝・広報・販売促進
↓
⑥営業
⑦物流
↓
⑧アフターサービス
⑨市場の反響調査

特許の管理やメンテナンスも重要な電機・機械メーカー

企業や工場などを顧客とする電機・機械設備、精密機器、OA機器などのメーカーでは、「売りっぱなし」というわけにはいかない。納品後、定期点検を行ったり、故障などのトラブルに対応するサービスエンジニア（サポートエンジニア、カスタマーエンジニアなどともいう）の役割も大きい。また、社員が開発した技術や製品の特許申請を担う特許・知的財産管理も、部門の強化が図られている。

なお、工作機械や産業用ロボットなどの製造は左のチャートにあてはまらない。まず営業が顧客のニーズを聞き、それに合わせた設計を行う「受注生産」の形をとるケースが多いため、営業職も技術職も、完成品メーカーとは仕事の性質がかなり異なる。

また、素材関連の営業職は、完成品メーカーなどに対して素材の活用法・応用法を提案する活動も多く、完成品メーカーの営業とは異なる性質をもつ。

なお、海外へ製品を売り込む海外営業も、電機・機械・化学分野のメーカーでは特に大きな役割を果たしている。

コンシューマー向け企業のブランドマネージャー

コンシューマー（一般消費者）を対象とする、化粧品・トイレタリー・食品・飲料・アパレルなどのメーカーでは、消費者動向をつかむマーケティングに特に力が注がれる。消費者に与えるイメージが重要なだけに、ブランドイメージを守りながら商品企画・広報・宣伝活動を管理・統括するブランドマネージャーが存在するのが特徴だ。

営業活動には、百貨店・スーパー・コンビニなど大手流通企業の本部に交渉する活動のほか、個人商店をくまなくまわる活動もある。

製薬メーカーの営業は、MR（医薬情報担当者）と呼ばれる。医療関係者に自社の医薬品に関する情報提供を行う活動が中心で、価格交渉や納品業務に関しては卸売業者の営業（MS）が担当するという役割分担だ。

こぼれ話 文系出身者がメーカーで働くなら？

メーカーは技術職が中心というイメージを抱きがちだが、文系出身者が活躍できるフィールドは広い。研究・開発・設計などの技術者は理系の大学・大学院の修了生が中心である一方、生産管理・品質管理では文系出身者も活躍している。営業職も、入社前に理系の専門知識を身につけている必要はない。入社後の研修で十分習得が可能だ。たとえば、自社の医薬品情報を医師に提供する「MR」も、薬学部出身者ばかりでなく、実は文系出身者も少なくない。

IT・通信・インターネット

様々なシステムの開発を担うシステムエンジニア（SE）

ハードメーカー、システムインテグレーター、ソフトウェア会社で、システム開発の中心となるのがシステムエンジニア（SE）だ。「エンジニア」は理系出身者が中心と思われがちだが、文系出身者も多い。

企業のシステム構築を請け負う場合、まずは営業が顧客企業のニーズを引き出し、システムの導入を提案。SEがより具体的に顧客の課題を把握し、システムの設計を行う。SEが設計した仕様書にもとづき、プログラマーがプログラムを作成する。

大規模システムや、重要な経営戦略にかかわるシステムの場合は、上級SEやシステムコンサルタント（アナリスト）の主導で、複数のSEがチームを組んで行う。こうした開発プロジェクトで予算・納期・スタッフの管理を行うのがプロジェクトマネージャー。一般的に、プログラマー→SE→プロジェクトリーダー→プロジェクトマネージャーへとステップを踏むケースが多い。

システムの中でもネットワークの構築に特化しているのがネットワークエンジニアだ。

そのほか、システムが問題なく動くよう日常的に管理するシステム運用・保守、ユーザーからの質問やシステムトラブルに対応するサポートエンジニアなどの仕事がある。

インターネット業界はWeb関連職種が中心

通信会社で大きな役割を担うのがモバイル端末の開発技術者、商品企画、サービス企画などだ。

さらに、中継局・発信局の設置や設備設計を行う電気通信技術者、回線設備の保守・管理を行うメンテナンスなどの仕事がある。

営業は、企業に対し専用線・社内回線網の構築を提案する活動のほか、個人向けに電話回線や携帯電話・スマートフォンなどを販売する窓口（家電量販店など）に対し、販促企画・支援活動などを行う。

プロバイダーやポータルサイト運営会社、また、一般企業のサイト制作を請け負うWebコンサルティング企業では、サイトの企画や制作の進行管理を行うWebプロデューサー、サイトのデザインを行うWebデザイナーが活躍している。

また、個人向けのゲーム・音楽・アニメなどのコンテンツの企画を担うコンテンツプロデューサーも、需要が高まり育成が求められている。

金融

金融商品やサービスを提案・販売する営業職

金融関連の営業職には様々なタイプがある。法人に対し資金調達、資産拡大、企業保険などを提案する法人営業（ホールセール）。個人に対し、預金・投資・保険などの商品を案内する個人営業（リテール）、ファイナンシャルプランナー（FP）。保険会社において、販売代理店の開拓や代理店の営業を支援する代理店営業などがある。

高度なスキルを駆使する金融スペシャリスト

開発系では、新しい金融商品を生み出す商品開発、投資の理論やモデルを開発する投資理論研究、保険・年金分野で、保険料や掛け金の適正額を算出するアクチュアリーなどが挙げられる。

運用関連の職種には、銀行・証券会社で株式・債券・為替の売買を手がけるディーラーやトレーダー、投資顧問会社・投資信託会社で個人や法人から預かった資産の運用を行うファンドマネージャーなどがある。

開発・運用のための調査・分析を行うのがアナリスト、エコノミスト、ストラテジストなどだ。

投資銀行業務は、法人の合併・買収・提携を支援するM＆A、企業の株式公開を支援する公開引受のほか、コーポレートファイナンス、プロジェクトファイナンスなどに分けられる。

金融機関ならではの事務系・管理系の専門職も

金融機関のバックオフィス業務には、決済、経理といった事務処理のほか、リスク管理、与信管理・審査、債権管理、有価証券の保管などを担うカストディといった管理業務がある。

【金融関連職種の３大領域】

営業
法人営業（ホールセール）
個人営業（リテール）
代理店営業
加盟店営業　など

開発・運用
開発業務
運用業務
投資銀行業務
調査・分析業務　など

バックオフィス
事務系業務
管理系業務
システム企画
保険系業務　など

エネルギー

エネルギーの活用法を考え、技術・施設・システムを開発

電力・ガスなどのエネルギーの需要量を予測し、安定供給のための技術開発や施設建設を検討するのが**事業企画**。原発事故以降、国のエネルギー政策の見直しが求められ、自社の強みをどう活かし、市場を拡大するかの課題にも取り組んできた。

2050年までの「脱炭素社会」実現をめざす政府のカーボンニュートラル宣言を受け、各社は以前にも増して次世代エネルギーの開発に注力している。太陽光や風力などの「再生可能エネルギー」や、燃料電池の開発、エネルギーのリサイクル、エネルギー用途の拡大といった課題に取り組む**研究・開発技術者**は重要な役割を担う。

発電所・変電所・ガスプラントなどの供給施設、エネルギー配送施設の建設にあたっては、**用地開発**が適切な用地を選定し、土地所有者との交渉、近隣住民への説明を行う。施設建設では、機材や資材を調達する**資材調達**、**現場監理**といったスタッフがプロジェクトの進行を支える。

完成した施設を安全に稼動させるのが**施設運転・管理**。設備はコンピュータで制御されており、事故やトラブルが許されない業界だけに、ITエンジニアは高度なシステムの構築を担うことになる。

自由化で競争が激しくなる中、利用促進活動を行う営業職

営業の役割は、自社が扱うエネルギーの利用促進活動。電力会社の本社では、営業戦略の企画や都市再開発などの大型プロジェクトへの提案活動、支社・営業所では法人・個人顧客への販売、申込受付や技術サービスの提供を行う。ガス会社も機器やシステムの普及をめざし、個人のほか、ゼネコン・デベロッパーなどにも提案活動をする。

なお、営業所では、**カスタマーサービス**が利用者からの相談などを受ける。利用者に対し、エネルギーに関する各種情報を届ける**広報**も重要な仕事だ。

■エネルギー供給の流れ（一例）

事業企画

用地開発

施設設計

システム設計

施設建設

施設運転・管理（エネルギー供給）

利用者サポート

交通・運輸

効率的な輸送ルートや物流サービスを企画

運輸業界全般に共通する課題は「スピード」「安全性」「確実性」。付け加えれば、それらのサービスをなるべく低価格で提供しながら利益を確保すること。これらの実現に取り組むのが企画関連職だ。航路や輸送ルートの企画、サービス内容の企画などが主な仕事。

一方、個人の利用客が多い航空会社や鉄道会社などでは、チケットの販売チャネルを広げるための営業企画や、利用を促進するためのキャンペーンや特典を企画する仕事もある。

また、多角経営を行っている企業が多いのも運輸業界の特徴。リゾートの開発や、鉄道会社であれば駅の集客効果を活かしたサービスやテナントの開発など、新規事業企画にも取り組む。

荷主のニーズに合わせて輸送手段を提案する営業

運輸会社の営業の役割は、顧客である「荷主」への提案活動。陸運や海運であれば、効率的な輸送手段や輸送ルートの提案や、料金の交渉を行う。扱う荷物によって顧客企業は様々だ。定期便や定期ルートの利用を提案する営業もあれば、個々のニーズに合わせて企画・提案を行う活動もある。

鉄道会社の営業の場合は、チケットの販売チャネルの開拓や管理、利用促進活動のほか、レンタカー・バス・ホテルなどと提携し、これらを組み合わせたサービスの企画を行う。

その他、チケット販売や利用案内を行う**窓口業務**など、個人の利用客と直に接する仕事もある。

実際に運行する仕事、それを管理する仕事

実際の運行にあたっては、**各種オペレーター**や**運行管理**が、タイムスケジュールやルートの管理を行う。

運行・運送業務に就いているのが**運転士・パイロット**など。その他の乗務員として、出発合図などの列車運行補助業務を行う**車掌**や、旅客機で乗客に対するサービスを行い、非常時には避難誘導などにもあたる**客室乗務員**がいる。乗務員の勤務シフトを調整・決定する**管理業務**もある。

これらの運行管理・物流管理は、分単位で行われるもの。円滑に、正確に管理するため、**情報システム企画**がITを活用したシステムの構築を担う。

そのほかには、車両・機体・船体などの整備や点検を行う**技術職**、駅・線路・空港などの施設を管理する**施設管理**などの仕事がある。

建設・不動産・住宅

用地取得、工事の受注、仕様の企画などを担う営業

建設・不動産業界の営業の仕事は幅広い。ゼネコンであれば、都市開発やビルなどの工事の受注をめざし情報収集をする営業。デベロッパーであれば、自社で開発した物件（ビル・マンションなど）を販売する営業。また、開発のための土地を選定・確保する**用地取得（用地開発）**や、取得した用地の周辺環境から、どんな建物を作るかを考える**企画開発**を営業が担う場合もある。

ほかにも土地所有者に対し、土地の有効活用を企画・提案することによって、建築や管理を受注する営業もある。

一方、ハウスメーカーには、完成済みの住宅を販売する建売住宅営業、建築主の希望を聞きながら仕様を決めていく注文住宅営業がある。住宅展示場などのモデルハウスで来場者に応対し、その後、自宅を訪問する形が多く、資金計画の相談にも乗る。

緻密な計算が必要な技術職、現場をとりまとめる施工管理

建築計画が決まったら、設計に入る。設計には、道路・橋梁・トンネルなどを設計する土木設計、オフィスビル・マンション・商業施設・学校などを手がける建築設計、個人住宅やアパートを手がける住宅設計などがある。

設計の前に、現地の地形を正確に測るのが**測量**。また、建築機材のリース料や建築資材料、人件費などのコストを算出するのが**積算**だ。

工事に入ったら、**施工管理（現場監督）**が、現場作業に従事する下請け会社をとりまとめ、進捗を管理する。

ほか、顧客の希望や嗜好に応じて、内装や照明器具・家具の選定、レイアウトのアドバイスをする**インテリアコーディネーター**は、主にハウスメーカー、リフォーム会社、建築事務所などで活躍している。最近では雑誌などを発表の場とするスタイリスト的な立場を取る人も多い。

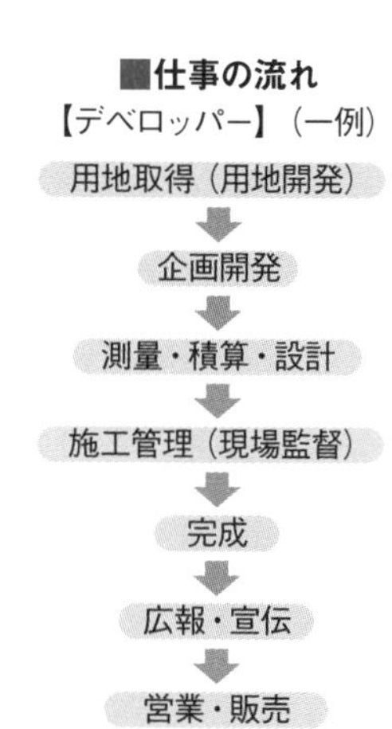

流通・小売

最前線に立つ販売スタッフ、運営を管理する店長、SV

百貨店・スーパー・コンビニエンスストア・量販店・専門店などで、もっとも人数が多いのが販売スタッフ。来客への対応やレジ、商品の管理・陳列などの業務を中心に、企業や店舗によってはPOPやDMの作成、キャンペーンの企画まで行うこともある。

店長は、店舗運営の責任者として、商品・在庫・売り上げ・スタッフをトータルに管理し、指示を出す。

複数の店舗を管理し、運営状況を見ながら指導を行うのがスーパーバイザー（SV）だ。自社の直営店だけでなく、フランチャイズ（FC）展開している企業であれば、FCオーナーに対し、店舗運営に関する様々な指導やアドバイスをする。一般的には、販売スタッフ→店長→スーパーバイザーへとステップアップするケースが多い。

なお、百貨店には、店頭に立つ販売スタッフのほかに、外商と呼ばれる営業員がいる。法人や個人宅をまわって商品を販売するほか、注文を受けて新たに仕入れるといった活動も行う。

商品を仕入れるバイヤー、販売計画を担うMD

バイヤーは商品の仕入れ担当者。市場動向を見ながら、店舗のコンセプトに合う商品を選び、なるべく低コストで買い付ける。ときには売り場で消費者の反応をチェックし、次のバイイングで調整することも必要だ。

商品の販売計画を練るのがマーチャンダイザー（MD）。商品の販売量や価格を決め、販売促進活動を行う。MDの業務範囲は企業によって異なる。ときに広告・宣伝企画まで担い、一部バイヤー業務を兼ねることもある。

バイヤーもマーチャンダイザーも流通業界の人気職種だが、入社してすぐにこの仕事に就けるわけではない。最初は販売スタッフとして「現場を知る」ところからスタートする。

新規店舗の成否を左右するのは立地を選ぶ店舗開発職

店舗開発は、新規店舗の出店にあたり、条件に合う土地や物件を探し出し、契約するのが主な仕事。大規模な店舗であれば、環境面・交通面の課題について、近隣住民や行政との折衝も担う。

コンビニの場合は、立地条件に優れた個人商店と交渉し、フランチャイズ契約を結ぶケースも多い。場合によっては契約後、店舗の建築やレイアウト計画、オーナーへの物件引き渡しにまでかかわることもある。

サービス・レジャー・アミューズメント

流通業界と共通点の多い外食業界の職種

外食店舗で中心となるのが、料理を作る調理スタッフと、利用客の案内・オーダー対応・精算などを行うホールスタッフ。店長は、店舗の責任者として、売り上げ・スタッフ・サービスの質など全般を管理する。

流通業界と同じく、複数の店舗を管理し、経営指導を行うのがスーパーバイザー（SV）。店舗開発は、新規店舗の出店にあたり、条件に合う土地や物件の選定、契約交渉を担う。

その他、外食の本部で働く職種として特徴的なのは、新しいメニューを考案するメニュー開発、食材を一括で調達する購入担当などだ。

旅行業界の営業は法人・団体と、カウンター営業の２種類

旅行会社の営業は２種類ある。１つは法人や学校に対して企画・提案を行う法人・団体営業。もう１つは、旅行代理店の営業窓口を訪れる個人客に対応するカウンター営業だ。受注したら、予約・オペレーション担当が交通機関・宿泊施設などを手配。ツアーコンダクター（添乗員）は団体旅行に添乗し、スケジュール管理を中心に快適で安全な旅をサポートする。また、ツアー企画は、消費者ニーズをつかみ、付加価値の高いパッケージツアーの企画・開発を担う。

職種が幅広く、役割が細分化されているホテル

ホテルの顔というべきフロントは、宿泊予約の受付、チェックイン・チェックアウトの手続きのほか、サービス全般の窓口として利用客に対応する。

その他、荷物を運ぶベルスタッフ、周辺の地理や観光の案内など様々な要望に応えるコンシェルジュと、役割が細分化されている。

また、レストランやバー、ラウンジを運営する飲料部門スタッフ、結婚披露宴やパーティの進行を仕切るバンケットスタッフ。営業職としては、法人や団体を顧客に、会議・セミナー・パーティ、出張社員の宿泊などを受注する法人営業、結婚披露宴などの相談に対応するカウンター営業などがある。

アミューズメント施設では接客とオペレーションが要

アミューズメント施設の職種も幅広いが、来場者に対応する接客スタッフ、施設や設備の管理・運営を行う管理・オペレーションスタッフが中心となる。集客アップのためのイベント企画も重要な仕事だ。

様々なクリエイターがチームを組んでソフトを開発

ゲームソフトの制作には様々なクリエイターが携わっている。まず、ゲームデザイナー・ゲームプランナーなどが、ゲームソフトの企画・立案を行う。

企画が通れば、社内・外部スタッフで開発チームを組んで制作に取り組む。開発メンバーは、グラフィックを制作するCGデザイナー・キャラクターデザイナー、キャラクターやグラフィックに動きをつけるCGアニメーター・モーションデザイナー、音楽や効果音を制作するゲームサウンドクリエイター、ストーリーを組み立てるシナリオライター、プログラミングを行うゲームプログラマーなど。そして、これらのスタッフを統括し、進行を管理するのがゲームプロデューサーだ。

ソフトの供給、店頭販売を促進する営業職

ゲーム業界の営業は、企業によってタイプが異なる。1つは、ゲーム機メーカーに対し、自社ゲームソフトを供給する提案・交渉を行う営業。国内ほか、欧米やアジアなどゲームが盛んな海外各国を対象とした海外営業もある。また、スマートフォンへのゲームコンテンツ配信、インターネットのオンラインゲームなど、営業活動の幅は広い。

もう1つは、一般消費者向けの販売戦略に取り組む営業。量販店などと交渉し、プロモーション戦略を企画、実行する。場合によっては広報・宣伝・販売促進に近い業務を担うこともある。

その他、施設に対し、アーケードゲーム機の設置を促進する営業もある。

なお、自らアミューズメント施設を運営するゲームソフトメーカーには、施設管理・運営の仕事もある。

多角展開に取り組む企業も多く、新規事業企画も重要なポジションだ。

■ゲームソフト制作の流れ（一例）

企画立案

仕様書作成

開発チーム編成

・素材作成

・サウンド作成

・プログラム作成

・シナリオ作成

調整・デバッグ（ミスの発見・修正）

対応ゲーム機メーカーのチェック

発売

マスコミ

収益確保を担うのは広告営業

マスコミ企業の多くは広告を収入源とする。そこで、ほとんどの会社に共通して存在する仕事が広告営業（アカウントエグゼクティブ）だ。広告主に対し、媒体や番組の趣旨を説明して広告やCM枠を販売する活動が中心。出版社やテレビ局であれば、広告代理店との折衝も大きなウエイトを占める。

記者が中心で、電子メディアの担当者も増えている新聞社

新聞社の要は紙面作りを行う編集局などの部門。事件や出来事を取材し記事にする記者、写真記者、内勤の記事整理担当者、用語や表記をチェックする校閲者、デザイナーなどが働く。インターネット上に記事を配信するWeb編集担当ほか、販売戦略を企画し販売店の運営を支援する販売担当などがいる。

出版社の編集は媒体によって仕事の内容や性格が違う

出版社で書籍や雑誌の企画・制作をするのが編集者。作家と契約して執筆の支援をする編集や、自らの企画をスタッフをとりまとめながら制作する編集、Webコンテンツや映像ソフトなどに仕立てる編集にタイプが分かれる。なお、実際に制作するライター・デザイナー・カメラマン・イラストレーターなどは、外部のプロダクションやフリーのスタッフであることも多い。

完成した本を書店（オンライン書店を含む）に置いてもらうように交渉する営業の仕事も重要だ。

テレビ局で制作現場を仕切るのがディレクター

テレビ局では、編成が放送枠に番組を組み込み、プロデューサーが番組の企画や出演者の決定、制作全般の管理をする。実際の制作現場で演出や指導を行うのがディレクターで、アシスタントディレクター（AD）が雑務などをこなして進行をサポートする。

CS放送やケーブルテレビなどでは、ディレクターがカメラマンの役割を兼ねているケースも多い。

広告代理店のプランナーは企業とのやりとりも頻繁

広告代理店では、CMプランナーやCMディレクターが、広告主とやりとりしながら、CMの企画・制作を管理。

実際の制作では、アートディレクターがビジュアル制作の指揮をとるほか、コピーライターがキャッチコピーやボディコピーなどの文章を作成する。

商社

扱う分野が広いだけに、仕事内容も幅広い総合商社

総合商社の場合、扱う領域が幅広く、一概に職種で分類するのは難しいといえる。「機械」「食品」など、特定の分野を扱うスペシャリストとして活動するスタイルが一般的だが、１人が「リサーチ」「マーケティング」「営業」「バイヤー」といった性格の仕事を兼ねるケースも多い。

複数メーカーの商品を扱って最適なものを提供する営業

一般の専門商社でもっとも多いのが営業職で、特定の分野や製品を担当する。複数のメーカーから様々な製品を仕入れて、顧客のニーズに合う製品を選んで提供する。メーカーの営業が自社製品のみを扱うのに対し、独立系商社は幅広いメーカーの製品を扱うのが特徴で、そこに魅力を感じる人も多い。

なお、IT・エレクトロニクス・機械などの技術関連製品の場合、顧客への初期アプローチは営業が行うが、具体的な折衝段階に入ると、専門的な技術知識をもつフィールドエンジニア・セールスエンジニアなどが登場。営業と連携し、顧客への提案や導入を支援する。

市場動向を把握するマーケティングや販売戦略の企画を担うのが販売企画。海外と取引している商社であれば、貿易事務も欠かせない職種だ。輸出入の際の船舶・航空便手配、通関手続き、関税の申告などの処理を行う。

技術を仕入れて自社で製造を行う「技術商社」も

完成した製品ではなく、技術情報を扱う「技術商社」もある。技術情報を仕入れて顧客に提供するほか、仕入れた技術をもとに自社で製品開発を行い、顧客に提供するケースもある。こういった会社では、基礎研究、製品開発、システムエンジニアなどの技術者も活躍している。

■技術系専門商社の仕事の流れ（一例）

優れた製品をもつ国内・海外メーカーを発掘

↓

取引交渉・買い付け

仕入れた製品の機能を活かし、自社製品を開発することも

↓

営業・販売計画

↓

企業などへの営業活動

ここで顧客企業向けにカスタマイズすることも

↓

納品

教育・人材・コンサルティング

教育関連企業の正社員は企画・運営が主な仕事

学習塾や進学予備校、語学・IT・資格などの専門スクール、カルチャースクールなど、民間の教育機関は多様。これらの企業で働くとなると講師をイメージしがちだが、それだけではない。特に専門スクールや専門科目を扱う機関では、外部の専門家が契約で講師を務めているケースも多い。

正社員が担うのは、学校の運営や事務局の業務が中心になる。たとえば、講師と相談しながらカリキュラムや講義スケジュールを企画する、受講生やその保護者に対応し、進路や学習方法についての相談を受けるといった仕事だ。企業により、運営スタッフ、教務スタッフ、指導員など呼び名が異なる。

また、企業を対象に、社員教育の受託をめざして活動する営業職もある。

アウトソーシング企業では法人営業の活動が重要

人材派遣などのアウトソーシング企業において、事業推進を担うのは法人営業。企業の業務分析を行い、コスト削減や効率化を実現できるアウトソーシングの活用を提案する。

受注したら、その業務に適したスタッフを選定するが、これは営業自身が行う場合と、専任のコーディネーターが行う場合がある。なお、営業は、担当企業に派遣されたスタッフに対し、相談を受けるなどのフォローも行う。

アウトソーシング企業では、顧客企業のニーズに応えるため、人材の育成も欠かせない。派遣スタッフの教育・研修の企画も重要な仕事だ。

また、人材派遣会社や人材紹介会社には、登録者のキャリアを診断したり、キャリアプランの相談を受け、ふさわしい企業や職場とのマッチングを行うキャリアアドバイザー・ジョブコーディネーターなどの仕事もある。

ハイレベルな人材が集まるコンサルティングファーム

コンサルティングファームには、戦略コンサルタント、ITコンサルタント、会計コンサルタント、人事コンサルタントなど、各専門分野のコンサルタントがいる。最近は、課題解決にITの活用が欠かせないため、システムの企画・構築を担うエンジニアも活躍している。新卒の採用も行っているが、一般企業で経験を積み専門スキルをもつ人を中途採用するケースが多い。

いずれにしても就職のハードルは高く、MBA（経営管理学修士）取得が採用条件の１つになるケースもある。

職種研究

様々な職種の仕事内容を解説。業態によって違う仕事範囲を知り、自分に合った職種を探してください。やりたい仕事ができる職場はどこなのかを理解することから就職活動は始まります。

1 企業のしくみを知っておこう

企業はその業態や創立時の目的、規模、時代のニーズ等に応じて様々に変化し、多様な形態をもつ。各企業の具体的な情報に目を通す前に、その違いをしっかりと理解しておきたい。

個人と法人の違いは責任範囲

経営の形態は大きく２つに分けられる。「個人」と「法人」だ。

「個人」の場合は意思決定権や経営権、利益占有権が個人経営者に限定される。小規模経営や個人事業の際にとられる形態だ。

一方「法人」には様々な種類があり、経営目的などによって区別されている。

まず法人は大きく分けると、国家的な政策のもとに設立された「公法人」と私的な事業を行う「私法人」がある。公法人は国・地方公共団体や公庫・公社などの特殊法人、公共組合など。私法人はさらに営利を目的とする「営利法人」と、営利を目的としない「非営利法人」とに分けられる。

営利法人はその責任範囲によって「株式会社」「合同会社」「合名会社」「合資会社」の４つの種類がある。営利法人については次のページで詳しく紹介する。

利益を追求しない多様な「非営利法人」

非営利法人には「社団法人」「財団法人」のほか学校や病院、宗教団体や福祉団体なども含まれ、多様な団体が存在する。

なお、社団法人と財団法人については、かつてすべてが社会一般の公益を目的とした「公益法人」とされていたが、一般社団法人及び一般財団法人に関する法律にもとづく「一般社団法人」「一般財団法人」へ移行している。改めて公益性について申請し、認定を受けた法人だけが「公益社団法人」「公益財団法人」と認められているのが現状だ。

「NPO」は民間の非営利団体

「NPO」は、市民や民間の支援を得て、社会的な公益活動を行う組織や団体の総称。特定非営利活動促進法にもとづく法人格を取得すると、NPO法人（特定非営利活動法人）となる。2024年１月末時点で、全国に５万21のNPO法人が存在する。

「NPO」はボランティア活動だけではなく、収益事業も行う。ここで生まれた利益は、出資者やスタッフに配分するのではなく、次の活動資金となる。この活動資金に人件費などが入っている。

学生が仲間と「NPO」を立ち上げ

るケースも少なくない。

「会社法」と株式会社

「株式会社」は株式を発行できる。これにより資本が証券化される。出資者は全員が出資額を限度とした責任（有限責任）を負うことになる。さらに出資者以外の人物を取締役に選任でき、所有と経営を分離できるよさをもつ。また、かつて「株式会社」の最低資本金は1000万円以上で３人以上の取締役をおく必要があり、また取締役は２年、監査役は４年の任期が決められていた。「有限会社」は「株式会社」を中小企業向けに簡素化した形態で、資本金300万円以上で社員は50人以下などの規定があり、株式の発行や出資者公募はできなかった。

しかし、2006年に現行の「会社法」が施行されたことで、こうした最低資本金制度は撤廃され、取締役の人数や、取締役と監査役の任期に関する制限はゆるやかになった。

また、有限会社法が廃止され、新たに「有限会社」を設立することはできなくなった。従来から存在する「有限会社」については、株式会社に移行するか、特例有限会社として存続することとなった。

事業を拡大するなら株式会社

株式を発行することができ、資金調達がしやすい「株式会社」はもっとも拡大路線に適した企業形態。株式会社は国税庁「会社標本調査」によれば令和３年度では261万2677社ある。このうち10億円超の資本金をもつ大企業が5519社、１億円超10億円以下が１万3838社、１億円以下が259万3320社ある。

株式会社の目的は利益と還元

「営利法人」の第一目的は営利を生み出すこと。そのために商品を作り、売り、サービス提供などを行っている。逆にいえば、利益を得るために、新商品を考え、アイデアを練る。つまり事業は利益を得るための手段の１つということ。さらに利益を上げることにより投資家たちへ還元し、企業として存在する意義をもつともいえる。

重大決定は株主総会で決定される

株式会社の経営方針や重要プロジェクトの承認などを決定する最高機関として「株主総会」がある。

重要案件の場合、原則として発行株式総数の過半数分に相当する株主が出席する必要が規定されている。

株主には原則１株、単元株を採用している企業は１単元株につき１票の議決権が与えられている。

議決内容は様々。取締役や監査役の選任・解任および報酬決定、会社合併の承認、会社の解散、定款の変更、資本の減少などがある。議決内容によって、出席者の過半数の賛成が必要なものと３分の２以上の賛成が必要なものに分かれている。

開催は通常１年に１度だが、臨時に招集されることも多々ある。

取締役が実質的な決定をはかる

株主総会で選任された1人以上の取締役によって様々な重要事項が決定される（取締役会は3人以上の取締役で構成）。たとえば新株の発行や株式譲渡の承認や不承認などがはかられる。任期は最大10年と規定されている。取締役たちには業務の執行と会社を代表する権限が与えられている。

このほか株主総会で選任された監査役も取締役と同様に強い権限を与えられているが、その分、損害賠償などの責任を負う。

会社を効率よく運営するために組織がある

会社の規模が大きくなり扱う商品数が増えると、様々な問題点が生まれる。それを解決するしくみの1つが組織だ。商品を作ってから消費者に届けるまでを1人でこなせるわけではない。それぞれの専門のセクションが担当し、無駄を省き、低コストで行おうとする。開発・製造・営業・広報などの人材をうまく使っていくために、各部門に責任者を配する。それぞれの仕事が円滑に進むために必要なのが組織だ。各企業がその経営方針に合わせた組織作りをしている。つまり組織を見れば、企業の考え方がわかるということ。

たとえば社長室と開発が直結している企業では、やはり経営の中心に商品開発がある。また各支社に営業だけでなく、生産や管理の部門を大きくもっている企業では、それぞれに与えられた権限が大きいと予測できる。

組織において縦の関係は重要

各セクションに配置される責任者を中心にした組織形態が、日本ではいちばん多い。

「トップ・マネジメント」と呼ばれるのは一般的に取締役以上を指す。会社の業務執行に関する意思決定をし、経営を担う人たちだ。

「ミドル・マネジメント」は中間管理職の人たちを指す。部長や課長クラスの人がこう呼ばれ、トップが決定した方針や計画にもとづき、実行に移すために担当部門の業務を遂行させる役割を担う。

「ロワー・マネジメント」は係長や主任などの監督者たちをいう。中間管理職の人たちから指示を受け、日常業務や現場業務を行う。

日本の取締役は2つの仕事を兼務

日本企業の多くでは、取締役たちは取締役会のメンバーとして経営方針などに携わるのと同時に、ライン上の責任者としての職務も兼務している。これはアメリカなどと大きく違う点。アメリカの取締役会はCEO（最高経営責任者）のもと、CEO指名委員会や報酬決定委員会などを代表する社外取締役たちによって検討・決定が行われている。

また日本には監査役が存在するが、アメリカの取締役会では監査役制度が存在しないのも大きな違いである。

組織の種類は多種多様

各企業によって組織の形は様々。従来から多いのが「機能別組織」。これは開発や製造、販売といった経営機能ごとに組織が編成された形。意思統一やスキルの共有が図りやすいが、責任や権限が経営者に集中するため、各組織の責任が曖昧になりやすい。また、大規模になると経営者が組織間の調整をしづらいというデメリットもある。

そのため、今は多くの大企業が「事業部制組織」を導入している。組織を事業ごとに編成し、各事業部に開発から製造、販売といった複数の機能を管理させる形だ。事業部に権限と責任が委譲され、経営者の負担は軽くなる。ただし、各事業部が会社全体ではなく事業部のみの利益優先に傾きやすいなど問題点もある。

人事異動を想像して将来設計を描こう

漠然と5年後、10年後を考えるのではなく、具体的な場面を想像してみよう。これから就職しようという現段階ではなかなか難しいかもしれないが、希望する企業に入れたとして、そこでの最終目標はどこなのかをはっきりとさせておくと、面接試験などに臨む際の気構えが違ってくる。

下の図は「機能別組織」の場合の人事ローテーションの一例だ。成績や企業成長度によって大きく変化することもあるだろうが、自分の企業人としての将来を予想するのも大事なこと。多くの部署を渡り歩き、経営全体に携わりたいのか、あるいは専門的な仕事にこだわり、徹底的に深く追求したいのか、就職活動前に熟考することをおすすめする。

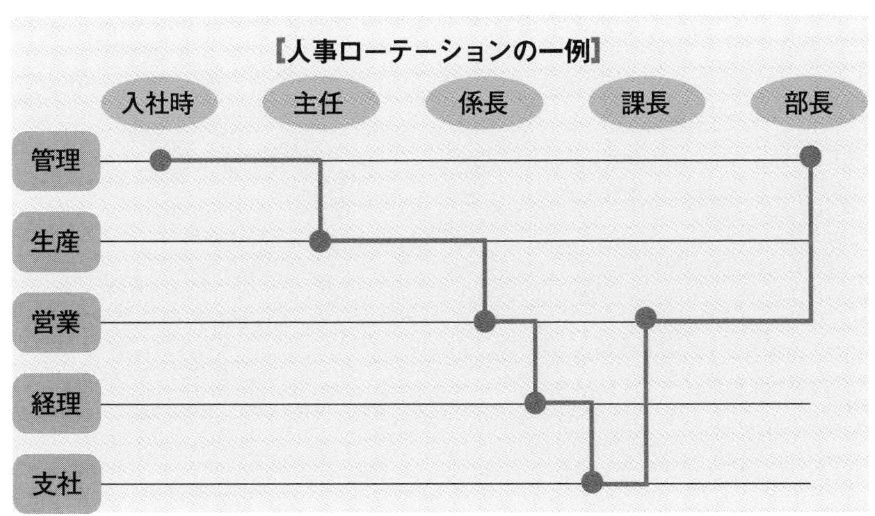

2 職種への理解を深めよう

どの業界で働くかも大事だが、それ以上に大事なのは自分自身がどんな仕事に就き、どんな働き方をして、どんなスキルを身につけるかだ。なりたい自分になるために、適切な職種を選択したい。

なりたい職種を見つけて狙う業界をしぼり込む

「希望する業界が定まらない」人は、まず「どんな仕事をしたいのか」「どんな仕事が自分に向いていそうか」を考えてみるといい。自分自身の知識面の強み（専攻科目や興味のある分野）、人物面の強み（性格や志向、ヒューマンスキル）を整理してみれば、おのずと方向性が見えてくるはずだ。

ここでは、営業系・事務系・企画系・技術系・金融系・流通系・制作系の代表的な職種について、仕事の内容や進め方、必要な知識やスキル、キャリアステップについての概要を紹介する。

自分の志向に合いそうな職種、適性がありそうな職種を見つけたら、より詳しく調べてみよう。幅広い業界にある職種もあるが、限られた業界にしかない職種もある。

また、職種名は同じでも、業界ごと、企業ごとに仕事の内容やスタイルは異なっている。その職種に就いている人の体験談も参考にするといい。そうして理解を深めれば、自分がめざすべき業界も徐々にしぼられてくるだろう。

希望職種に確実に就ける企業を探すことも大事

新卒で就職する場合、希望する職種に配属されるかどうか、入社してみないとわからないケースも多い。しかし、希望職種についての理解を深め必要な知識を学んで、資格を取るなどの努力をしておけば、前向きな姿勢が評価されて、配属の際に考慮してもらえる可能性が高まるはずだ。

一方、最近では、新卒でも応募時に配属部門や職種を指定できる「職種別採用」を導入する企業も増えているので、そういった企業を狙うのも手だ。

また、インターネットの就職関連サイトには、希望職種を選んだ上で、その職種を募集する会社を検索できるサービスもあるので、利用してみるのもいいだろう。

なお、やりたい仕事にすぐには就けなくても、別の部門や仕事で経験を積み実績を上げることにより、希望職種へステップアップできる可能性もある。どんな知識や経験が希望職種へとつながっていくのかを調べ、狙う業界・部門・職種を広げておくことも大切だ。

職種の性格から「好き・苦手」「得意・不得意」を判断する

「その職種の仕事内容はだいたいわかったが、自分に合うかどうか、今ひとつわからない」こともあるだろう。そんなときは、その職種の根本的な性格を見つめてみるといい。

次に5つの指標を挙げてみる。気になる職種について、A・Bのどちらの性格により近いかを考えて、タイプ分けしてみよう。そして、自分が働くなら、A・Bどちらの仕事がより希望に近いかを考える。希望するタイプに当てはまれば、それは「あなたに向いている仕事」「あなたがやりたい仕事」と判断することができるだろう。

[仕事の性格分類をチェック]

A. 個人プレイ	B. チームプレイ
どちらかというと、1人でコツコツと作業に取り組む時間が長い。ある程度自分のペースで仕事ができる	常に他の複数のメンバーと意見交換したり、協力し合いながら仕事を進めていく。協調性が必要

A. 広く浅い対人関係	B. 狭く深い対人関係
不特定多数の人とコミュニケーションをとり、相手のタイプに合わせてフレキシブルに対応を変える	限られた人と密なコミュニケーションをとり、長時間にわたり深くつきあい、信頼関係を築き上げる

A. 新しいものを追い続ける	B. 知識・スキルを積み上げる
常に、従来なかった新しいものに取り組む。固定観念にとらわれず、柔軟で斬新なアイデアを出していく	特定の分野内で、あるいは特定のテーマについて、知識・技術を着実に積み重ね、経験を活かして仕事をする

A. 短期決戦型	B. 長期フォロー型
1つの課題や商談につき、早ければ数時間、長くても1か月程度の取り組みで成否がわかる。スピード感がある	1つのプロジェクトが、短くても半年、長ければ数年間にわたる。綿密な計画を立て、じっくりと取り組んでいく

A. 企業の経営活動にかかわる	B. 個人の日常生活にかかわる
主に法人に対して商品やサービスを提供する。ときには経営戦略の重要なサポートを行い、企業の発展を支える	一般消費者に対して生活に密着した商品やサービスを提供する。街角や店頭で自分の仕事の成果を目にすることも

営業

誰に・何を・どう売るかの視点で営業の仕事を理解

一口に「営業」といっても、業界・企業・部門によって、性格や活動スタイルはまったく異なる。まずは、「誰に」「何を」「どう売るか」の切り口から、どんなタイプの営業があるかを知っておこう。

【誰に】・法人対象－個人対象
【何を】・形がある商品（モノ）－形がない商品（サービスなど）
・産業用材－一般消費財
・売り切り型商品－継続型商品
……など
【どう売るか】
・新規開拓営業－固定客のフォロー（ルート）営業
……など

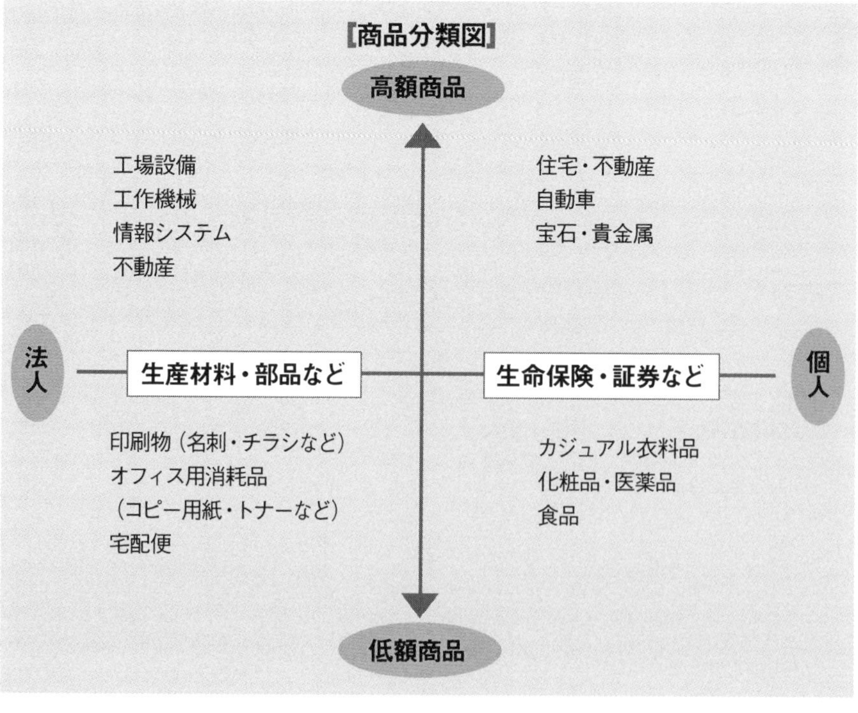

【商品分類図】

	法人	個人
高額商品	工場設備 工作機械 情報システム 不動産	住宅・不動産 自動車 宝石・貴金属
中間	生産材料・部品など	生命保険・証券など
低額商品	印刷物（名刺・チラシなど） オフィス用消耗品 （コピー用紙・トナーなど） 宅配便	カジュアル衣料品 化粧品・医薬品 食品

顧客企業のニーズをつかみ最適な提案をする法人営業

■新しい取引先と契約を結ぶ法人営業——新規開拓

新規開拓型の法人営業の役割は、これまで取引がない企業に自社の製品やサービスを案内し、契約を結ぶこと。

幅広い業種を対象とする商品であれば、担当地域内の企業に電話や直接訪問でアプローチし、ニーズを拾い出す活動が中心。限られた業界が対象の場合は、あらかじめ企業をリストアップ・調査し、アポイントをとって訪問する活動が中心になる。断られてもあきらめず通い続ける粘り強さ、相手の興味を引くアプローチの工夫、相手企業で決定権をもつ人物を見極める洞察力が求められる仕事だ。

■信頼と実績がベースの法人営業——固定客のフォロー（ルート）

ルート営業とは、すでに取引のある顧客企業に対し、商品やサービスを継続的に提供していくこと。これまでに築いた信頼関係をベースに取引ができる点ではやりやすいが、価格や納期などで難しい注文をつきつけられることもある。顧客の要望と社内的な事情を調整して解決する力、交渉する力が必要な仕事。また、ルート営業は、ともするとただの「御用聞き」になってしまいやすい面もある。言われるがまま動く受け身の姿勢ではなく、顧客の隠れたニーズを引き出し、新しい提案を行っていく攻めの姿勢も重要だ。

豊かな生活や人生設計への提案を行う個人営業

■低額商品と高額商品では大きく異なる営業スタイル

個人営業は、個人に対して自社製品やサービスを案内し、契約を結ぶ仕事。住宅街で個人宅を訪問したり、電話でアプローチした上で自宅を訪問する「訪問販売」のスタイルがある。また、住宅・住宅関連設備・自動車などでは、モデルルームやショールームを訪れた顧客に応対し、後日自宅を訪問することもある。

飛び込みで販売する営業には、フットワークの軽さと、続けざまに断られてもめげない精神力や粘り強さが必要だ。成功にしろ失敗にしろ、その場その場で結果を出したい人には適した活動スタイルといえるだろう。

高額商品を扱う場合は相手の話をじっくり聞き、信頼関係を築くことが第一歩。顧客の人生設計にかかわる点でもやりがいが大きい。顧客に気に入られれば、新たな顧客を紹介してもらえることも。信頼関係を築く喜びを感じられる仕事だ。

いずれにしても、個人営業は人と話すのが好きで、いろいろなタイプの多くの人に出会いたいと思う人に向いている。また、報奨金制度などが設けられている場合もあり、売上実績が即収入に反映されるのもこの仕事の特徴。若くして高収入をめざすことができる仕事ともいえるだろう。

ほかにもある様々な営業のかたち

■店舗内で来客に対応する カウンター営業

旅行代理店や不動産賃貸会社、保険会社などの店舗や営業所で来客に対応し、商品を案内するのが「カウンター営業」。様々な相談や要望にすばやく応えるためには、コンピュータで検索するだけでなく、自分自身の中に幅広い知識やデータをもっておくことが大切。短時間の対話で、ニーズを的確につかむ力も求められる。

■販売代行者の開拓・支援を行う 代理店営業

商品・サービスを利用する顧客とは直に接する機会がほとんどない営業もある。メーカーや保険会社の「代理店営業」だ。代理店営業の役割は、自社商品の販売代行を行う「販売代理店」となる企業や個人を探し、交渉・契約を行うこと。契約を結んだ代理店に対しては、販売活動をバックアップ。場合によっては、販売先に同行することもある。リーダーシップはもちろん、代理店の「経営パートナー」としてのビジネスセンスも求められる。

■自社製品を世界に送り出す海外営業

「海外営業」は、自社製品を海外の顧客に向けて販売する営業。海外の拠点に駐在して活動を行う営業と、国内にいて海外の代理店や駐在員からの注文や要望を受ける営業がある。

いずれも語学力は必須。それぞれの国の文化や商習慣に応じて提案の切り口を変えるなど、高い交渉力が求められる。海外駐在員であれば、現地事務所の経理やスタッフの管理なども担うため、マネジメント能力も欠かせない。

■主に技術面の説明・提案を行う セールスエンジニア

IT・電機・機械関連商品の営業活動において、営業とエンジニア、両方の役割を兼ねるのが「セールスエンジニア」。販促物だけでは顧客の理解が得られない場合、セールスエンジニアが営業担当に同行するか、単独で顧客を訪問。技術面についてより詳しい説明を行い、質問に答えることによって、営業活動をサポートする。

技術の知識はもちろん、相手の知識レベルを把握し、それに合わせて対応する力が求められる。

■顧客の成功をサポートする デジタル時代の営業

従来の対面・訪問販売だけではコスト面でも限界が見られる中、デジタル時代の到来もあり、内勤の営業職の重要性が高まっている。「インサイドセールス」は、顧客と見定めた相手に対して電話やメール、オンラインのツールでコミュニケーションを図り、製品・サービスの紹介と販促に携わる。

一方、「カスタマーサクセス」は、顧客が商品・サービスを購入したあとに、それらを活かして成功するための継続的な案内役を担う。段階的に役割が異なり、業務が引き継がれていく内勤営業のスタイルも把握しておこう。

営業に必要なスキル、営業で身につくスキルとは

■ニーズを引き出し、最適な提案ができる力を身につける

営業のスタイルは多種多様。しかし、すべての営業職に共通して必要な要素がある。「コミュニケーション力」「コンサルティング力」だ。

「コミュニケーション力」と聞くと、話題豊富な人をイメージするかもしれない。それも1つの武器ではあるが、営業活動では一方的に話すのではなく「人の話を聞ける」ことが重要だ。相手をよく観察し、相手のペースに合わせて、相手が快く話せる空気を作ることで、コミュニケーションがスムーズになる。

そして「コンサルティング力」とは、相手に話をさせることによって課題やニーズを引き出し、相手の立場に立って考える力。課題を解決するために、自社の商品をどのように使えばいいかを考えて提案する力ともいえる。

これからはただ「モノを売る」のではなく、「相手にとって最適な提案をする」活動が重要になってくる。そして自分の提案を、相手にわかりやすく、魅力的に感じてもらえるように伝える「プレゼンテーション力」も必要だ。

【同じ営業でも、1日の仕事の流れはこんなに違う！】

固定顧客対象ーシステム関連・法人営業の場合（一例）

9：00	出社 メールチェック・返信
10：00	社内の関連部署と打ち合わせ
12：00	昼休み
13：00	1社目の顧客を訪問し、プロジェクトの進行状況を説明
15：00	2社目の顧客を訪問し、新規プロジェクトのプレゼンテーションを実施
17：30	帰社。関連部署に顧客からの要望を伝え、打ち合わせ
18：30	新規案件のプレゼンテーション資料を作成
20：00	退社

新規開拓ー住宅リフォーム・個人営業の場合（一例）

8：30	出社
9：30	先日受注した顧客に見積もり書を届ける
10：30	近隣の住宅を訪問。不在ならチラシをポスティング
12：00	昼休み
13：00	隣町に移動し、住宅を訪問
18：00	帰社 報告書の作成 営業ツールの準備
19：30	退社

事務・スタッフ関連職

社員が働きやすい仕事環境を整備する総務

全部門・全社員をサポートする仕事

社内の各部門の業務がスムーズに運ぶようサポートするのが総務の役割。OA機器、備品、文房具やコピー用紙などの消耗品の調達・管理をはじめ、入社式・社員総会・株主総会といった社内の各種行事の企画・実施、工事の管理などを行う。社内全体を見渡し、合理化・経費削減・環境改善など、さらには社員のモチベーションアップの工夫も重要な仕事だ。

全部門・全社員とかかわる仕事だけに、取り組み方次第で社内の空気を変える影響力をもった職種といえる。

会社のお金の動きを管理し、経営戦略に活かす経理・財務

伝票整理から財務諸表作成まで

経理・会計は、日々の入出金のチェックや管理のほか、予算編成、決算書や税務申告書類の作成を行う。社内の各部署とは日常的に伝票のやりとりをし、決算時には顧問の会計士や税理士と連携して仕事を進める。

財務は、金融機関や証券会社との交渉窓口となり、資金計画にもとづいた借り入れや株式増資、社債発行の手配などの業務も担う。

一般的には、事務作業が中心の「財務会計」から、経営の視点で取り組む「管理会計」へステップアップする。

営業スタッフの能率を上げるスーパー黒子が営業事務

先回りしてトラブル回避

第一線で活躍する営業スタッフを、陰で支えるのが営業事務だ。営業職は外回りをすることが多い。そこで営業スタッフに代わり日中社内にいて、様々な仕事をこなす。商品の手配や伝票作成をはじめ、顧客からの問い合わせにも対応する。企業によっては10人以上の営業スタッフを１人で支えることもあり、機転と柔軟性が求められる仕事で、秘書的な役割をも担う。

「人」を活かすことで企業活動を活性化させる人事

人材を獲得、育成、適正配置

人事の仕事は、企業活動に必要な「人材戦略」の策定と実行をはじめ、雇用スタッフへの処遇を整えること。採用、教育・研修、労務管理、厚生、人事制度企画などの業務があり、１人が複数業務を兼ねている会社もあれば、担当が細分化されている会社もある。

採用担当は、新卒・中途の人材募集、応募受付、書類選考、面接にかかわる業務を行う。教育担当は、新入社員の

導入研修のほか、職務内容や役職に応じたスキルアップのための研修プログラムを企画。厚生担当は、社員の健康管理や福利厚生施設との契約を、労務担当は、勤務時間や休日休暇、給与計算、社会保険などの処遇整備を担う。

なお、人事の仕事に直結する資格には「社会保険労務士」がある。

■新しい人事制度の企画・運用も

最近では、年功序列型の人事・給与制度から、成果主義・能力主義に移行する企業が増え、政府も三位一体の労働市場改革の指針に「個々の実態に応じた職務給の導入」を挙げている。新しい制度の企画・運用も、人事の役割として大きな位置を占めるようになってきた。社員の能力や業績が公平に評価されるガイドラインを作成するとともに、それらがしっかりと機能するよう、各部門のマネージャーに指導・アドバイスしていかなければならない。人事制度企画担当者には、各部門や職種の特徴を把握して調整していくための社内コミュニケーション力、バランス感覚が必要といえる。

なお、経理や人事に関しては、専門の知識やノウハウをもつアウトソーシング企業へ業務委託する企業も増えて

[管理部門の１年の行事と仕事の流れ（平均的な例）]

	経理部門	人事部門（採用担当）
4月	・総合損益予算の作成	・新入社員の受け入れ、新人研修の実施
5月	・取締役会への決算書提出	・インターンシップの実施 ・書類選考、面接にかかわる業務 ・内定者への連絡 ・内定者フォロー（内定承諾書類の受け取り・内定者同士の懇親会開催・内定式） ・翌年度採用計画の策定
6月	・株主総会の準備・実施	
7月		
8月		
9月	・下半期の予算編成・設備投資計画	
10月	・中間決算	
11月	・中間配当の決定	
12月		
1月		
2月	・決算・予算の準備開始	
3月	・年次決算／新年度の予算編成／期末配当	・インターネット上の就職情報の管理 ・会社説明会・就職セミナー開催
備考	※毎月、月次決算を実施	※随時または通年、中途採用活動も実施 ※適宜、非正規社員の確保

いる。これらの職種をめざすなら、志望する企業の方針を把握しておこう。

法務は企業活動にかかわる法令関連の事務や管理を担う

■法的リスクを想定し、対策を練る

法務は、企業活動が法令に違反することがないよう、顧問弁護士と連携しながら、契約書などのチェック・管理を行う。独占禁止法やPL法（製造物責任法）、個人情報保護法などに触れれば多額の賠償責任を負うこともある。特にグローバルに事業展開する場合、法的なリスク管理は欠かせない。

最近は、パワハラや労働条件など、社員の権利にかかわるトラブルも増加。訴訟への対応はもちろん、判例をもとに、未然に防ぐための対策も行う。コンプライアンス（法令遵守）の観点からも、法務の重要性は高まっている。

いずれにせよ、膨大な書類をさばく事務処理能力、様々な人とのコミュニケーション力、法改正動向の情報収集力などが必要とされる仕事だ。

社員が開発した技術や製品を、特許事務所の協力を得て特許庁に申請登録する仕事もある。また、会社が所有する特許や知的財産が侵害された場合には、訴訟業務も手がける。特にITやネットワーク関連技術が日々進歩している昨今、特許・知的財産管理部門の強化を図る企業が増えている。

法務の仕事に就くには、やはり法学を専攻した人が有利だが、絶対条件ではない。メーカーの特許部では、むしろ、開発者とやりとりできるレベルの技術知識が重視される場合もある。

社内のシステムを運用・管理する社内SE

■自社の業務特性に合わせシステムを構築、社内ユーザーをサポート

社内システムの構築・運用を行う情報システム部門では、社内SE（システムエンジニア）が、システムの管理・運用を担当。機種やソフトウェアの選定・導入、業務効率化のためのシステムの改善提案を行い、外注先への窓口となる。各部門の業務内容や特性を深く理解していなければ務まらない。

また、システムやネットワークのトラブル時、社内ユーザーからの依頼を受けてトラブルを解消するサポート担当は、ヘルプデスクとも呼ばれる。いずれも、技術知識だけでなく、コミュニケーション力が求められる仕事だ。

企業活動や製品の情報を社会に発信する広報・宣伝

■目的別に様々なメディアを活用

広報（プレス）・宣伝の役割は、自社の情報を社会に向けて送り出すこと。その目的は、事業内容や活動についての認知度アップやイメージアップ、決算報告や今後の取り組みの発表、製品・サービスの販売促進など、幅広い。

活用するメディアも、新聞・雑誌・テレビ・ラジオ・インターネットをはじめ、街頭のポスターや看板・電車の広告・折り込みチラシなど様々。また、

企業案内パンフレットやPR誌の制作、キャンペーンや展示会などのイベント企画・運営も、広報の仕事の一部。企業によっては、社内報の企画・発行など、社員向けの情報発信を担うこともある。

■広告を企画するほか、取材にも対応

広報・宣伝の業務の中心となるのが、広告戦略の企画・実行。広告代理店とやりとりをしながら、目的と予算に合うメディアを選び、制作プロダクションなどの協力を得て広告を形にしていく。メディアからの取材にも対応する。

外部の様々な人とかかわる仕事だけに、何よりも重視されるのはコミュニケーション力であり伝達力。広告プランナーやコピーライター、マスコミの取材記者などに対し、伝えたい情報を微妙なニュアンスまで正確に伝える力が必要だ。また、マーケティングやデザインの知識も活かせるだろう。

■公式サイトを運営するWebマスター

最近では、ほとんどの企業が、ホームページを情報の発信や問い合わせ受付の窓口として活用している。このホームページの運営も、広報部門で行われていることが多い。

ホームページの運営・更新・管理を行う責任者は、Webマスターとも呼ばれる。サイトの制作を行う技術者やデザイナーとは異なり、ホームページを広報・宣伝にどう活かすかを考え、コンテンツの企画・編集を行うのが主な役割。また、簡単な更新作業のほか、専用フォームに届いた問い合わせにも対応する。

■投資家を対象に活動するIR

広報の中でも投資家向けの広報を担うのがIR（Investor Relations）だ。

IRの役割は、自社の経営状況や今後の事業展開を開示することによって、投資家の信頼を獲得し、投資を続けてもらうこと。社内の全部門の活動や状況を把握するのはもちろん、関連業界の動向にも気を配る、幅広い情報収集能力を要する仕事だ。最近は、海外の投資家との交流も増えているので、語学力も必要になっている。

IRは、経験豊富なプロフェッショナルがまだ少なく、財務や経営企画のキャリアを積んだ人がこの仕事に就いているケースが多い。

【広報担当の1日の仕事の流れ（一例）】

8：30	出社。メール、新聞などチェック
10：00	商品開発部と新製品に関する情報確認・打ち合わせ
12：00	昼休み
13：00	雑誌の取材に対応
15：00	新聞広告・雑誌広告の校正紙や、デジタル広告の内容をチェック
16：00	広告代理店の担当者と打ち合わせ
17：30	専門誌の取材申込みを受け、取材対応者を選定、依頼
18：30	プレスリリースの作成や広報戦略の企画書作成など
19：30	退社

企画・マーケティング

広い視野と地道な情報収集で市場を探るマーケティング

■様々な手法で幅広いテーマを調査

マーケティングの仕事は市場動向の調査を行い、そのデータを分析して、製品・サービスの販売戦略や新商品の開発に活かすこと。調査方法は消費者やモニターへのアンケート調査、店頭での売れ筋商品のチェックなど様々。最近ではインターネットを活用したマーケティング手法が一般的となり、「ビッグデータ」などを収集・分析してビジネスの課題解決を図る「データサイエンティスト」も必要とされている。

調査テーマは、製品の特徴や価格のほか、広告戦略、流通ルート、販売手法など幅広い。地道な情報収集活動と同時に、広い視野で社会の動きを観察し先を読むことが重要。好奇心の強さも欠かせない要素といえるだろう。

■営業や企画部門と密接なかかわり

マーケティング職は、業界を問わずあらゆる分野の企業で必要とされており、営業部門や商品企画部門と連携して活動するケースが多い。営業職や販売職などを経験した後で、マーケティングの仕事に移る人も少なくない。

しかし社内にはマーケティング部門を置かず、外部のマーケティングリサーチ専門企業に委託する場合もある。マーケティングのスペシャリストをめざすなら、専門企業を狙う道もある。

マーケティング職に就くのに、入社前に必須とされる知識などはない。一方で、大学でマーケティング･統計学･社会学などを専門的に学んでいれば有利だ。

新しい事業・商品・サービスを生み出す企画職

■経営全般の課題に取り組み企業戦略を練る経営企画

「企業の方向性」についての企画を行い、社長や役員の意思決定をサポートするのが経営企画。経営全般・事業全般について課題を発見・分析し、その解決策を練る。自社がどの分野に重点を置き、どのような戦略で展開していくか、そのために組織体制をどう築くべきかを策定する仕事だ。

責任もやりがいも大きな仕事だが、求められるスキルのレベルも高い。入社してすぐこの仕事に就けるわけではなく、まずは他部門で経験を積まなくてはならない。配属された部署で実績を上げるとともに、社内の研修制度を利用してMBA（経営管理学修士）を取得するなどの意欲が要求される。

なお、大手企業よりも成長中のベンチャー企業のほうが、早くこのポジションに就ける可能性は高い。

■事業の見直しや新規事業の計画を行う事業企画

事業企画は、既存事業を見直すことによって効率化や収益拡大のための戦略を練ったり、自社の資源（技術力・専門ノウハウ・ネットワーク・販売チャネルなど）を活かした新規事業のプランニングを行う。

新規事業企画は新しいビジネスをつくり出す仕事だけに、固定観念にしばられない柔軟な発想力が必要。また、他の企業と提携して事業を推進するケースも多いため、異文化をもつ他社の社員と調和するコミュニケーション力が求められる場面もある。

経営企画と同様、この仕事に就くには、まず他部門で経験を積み、実績を上げることが先決だ。

■自社独自の魅力をもつ商品を生み出す商品企画

市場動向や消費者のニーズを踏まえ、新しい商品やサービスをつくり出すのが商品企画。商品そのものはもちろん、価格設定やパッケージの企画まで手がけるのが一般的。企業にもよるが、売上予測や生産計画まで担うこともある。

商品のアイデアや構想がまとまったら、設計技術者やデザイナーと相談しながら具体的に形にしていく。さらに営業・販売・生産など各部門と連携しながら進める調整力、交渉力が必要な仕事だ。

商品企画の活躍の場は主にメーカーだが、スーパー・コンビニエンスストア・専門店など、小売を行う流通企業でも商品企画の役割が重要になっている。店舗のコンセプトにマッチする商品、集客力を高める商品としてPB（プライベートブランド）を強化する動きが強まっているためだ。この場合、自社で商品企画を行い、メーカーに製造を委託することになる。

その他、旅行会社のツアー企画、外食店舗のメニュー企画など、それぞれの業界で様々な企画職が活躍している。

なお、これらの企画を行うには、製品や市場について熟知していることに加え、顧客や消費者と直に接した経験も重視される。営業・販売・設計などの仕事を経て、商品企画部門に配属されるパターンも多いようだ。

■商品企画の仕事の流れ——インテリア雑貨企画会社の場合（一例）

インテリアグッズのアイデアを出し、デザインラフをかく

↓

デザイナーと打ち合わせをし、デザインイラストを完成。製造コストを算出

↓

営業部門に対しプレゼンテーション。売り上げの見込みについて討論

↓

社内の了承を得たら試作に着手。素材、サイズ、パッケージなど細部を詰める

↓

メーカーにサンプルを送り、見積もりを依頼

↓

営業部門とともに最終検討。商品化が決まれば、予算取りのための報告書を提出し、メーカーに製作の指示を出す

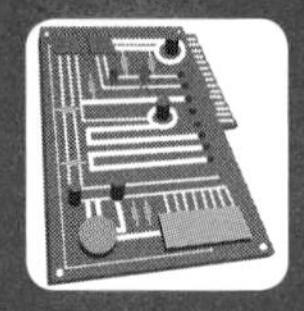

技術関連職―メーカー系

未知の分野に挑み、発見を実用につなげていく研究職

「基礎研究」と「応用研究」

基礎研究の仕事は、製品開発に直結させるより、未知の領域を開拓する意味合いが強い。仮説を立てて実験を行い、分析しながら新しい法則を発見・定義していく。

社内でプロジェクトチームを組むのが一般的で、他社・大学・公共機関などと共同で研究することも多い。なお、企業の一員として取り組むからには、定められた期間・予算内でそれなりの成果を上げることが求められる。

応用研究は、基礎研究の成果をもとに、具体的な技術や製品の開発に結びつけていく役割を担う。

機能・性能の向上を追求する設計技術者

異分野の技術者との連携も重要

新しい製品の開発に関しては、「市場ニーズがある製品について、自社の強みを活かした製品のバリエーションを増やしていく」スタイルと、「顧客企業から受注後、オーダーメイドで開発する」スタイルがある。また、既存製品を顧客向けにカスタマイズすることもある。

たとえば電機・機械製品なら、大規模な工場設備から小型の精密機器まで種類は様々。設計の仕事も、パーツの設計もあれば、最終製品の設計もある。

それぞれの分野で専門技術を深めるのはもちろんだが、異分野の技術を組み合わせて新しい製品を生み出すことも期待されている。

特にITやネットワーク技術との融合が進む現在は、様々な分野のエンジニアと連携して取り組まなくてはならない。また、製造技術者・評価技術者など、多くの人とやりとりする機会がある。高い技術力だけでなく、協調性やコミュニケーション力も欠かせない。

開発・設計の流れ――電気機器・装置の場合（一例）

仕様決定	機能・性能・サイズ・価格など製品の仕様を決定
設計	回路設計・論理設計・構造設計など
製作	設計仕様書をもとに試作品を作る
評価・テスト	試作品が正常に動くか動作試験を実施
調整	不具合を検証し、調整する
生産	

製品の実用化・流通に向け、最終段階を担う生産技術

■製品の開発段階からかかわることも

研究・開発職がどんなに優れた製品を生み出しても、生産ラインに乗らなければ市場に出ることはない。新製品の量産体制を確立するため、技術やラインを開発するのが生産（製造）技術者。コストダウン・省人化のシビアな課題に取り組む。新製品の開発段階から参加し、生産の視点から提案・アドバイスを行うケースも増えている。

ニーズの多様化・複雑化に伴い開発サイクルが短くなっている昨今、「多品目・少量」に対応するライン開発にかかわる生産技術者の役割は重要。

また、近年は海外の工場で生産されることも多いため、生産技術者は現地での技術指導員としての役割も担う。

ライン開発には、機械やシステムなど様々な要素がからむため、自分の専門以外の知識も吸収する姿勢が大切。1分野を極めるより、幅広い分野に興味がもてる人に向いていそうだ。

地図に残る建造物を生み出す建設関連技術職

■建物の仕様を決め、図面をかく設計

「土木設計」は道路・公園・トンネルなどを設計。「建設設計」はオフィスビル・マンション・ショッピングセンター・各種公共施設のほか、地域開発プロジェクトでは街全体の設計を手がけることもある。

「住宅設計」では、施主の要望にもとづいて注文住宅を設計する仕事と、すでに基本設計ができている住宅に内装・外装などのオプションを加えていく仕事がある。いずれも施主や営業、工事現場責任者と密な連絡をとりながら進めることが重要だ。

■費用を算出・管理する積算技術者

資材費、機材リース料、人件費などを見積もり、予算配分を行うのが積算。工事開始後は予算内で進行するよう管理する。工事全般の知識やリスク管理能力が求められる仕事だ。

技術関連職 —IT・通信・インターネット系

顧客にとって最適なシステムを企画・設計するSE

■顧客と対話する機会も多い

システムエンジニア（SE）の役割は、顧客の課題やニーズを把握し、最適なシステムを設計すること。コンピュータの操作や情報処理技術だけでなく、顧客とのコミュニケーション力、業務への理解力・分析力、企画提案力が求められる仕事だ。

システムの種類は、汎用機系・オープン系・制御系・Web系など多様。企業ごとに強みとする分野が異なるため、自分がどの分野でスキルを伸ばしたいのかを考えた上で企業を選ぶことが重要だ。

なお、システム開発にあたっては、提供先の業務特性を理解している必要がある。そのため、金融や流通など、得意とする業界をもつことで評価が高まり、キャリアアップが図れる。

プログラマーはシステムを構築する「職人」

■ミスは許されない緻密な作業

SEが設計した仕様書に従って、実際のシステム制作を行うのがプログラマー。プログラミング言語を操り、コンピュータを動かす「命令文書」を書く仕事だ。わずかでもミスがあれば、システムは正確に作動しない。細やかな気配りができ、緻密な作業を集中して続けられる人に適した職種といえる。

一般的に、プログラマーとして経験を積んだ後、SEへステップアップするケースが多いが、プログラマーとして専門スキルを極めていく道もある。

通信環境の進歩を担うネットワークエンジニア

■活躍の場が広がり、ニーズが急増

ネットワーク技術に特化してシステム開発を行うのがネットワークエンジニア。LAN（企業内ネットワーク）、WAN（広域ネットワーク）、イントラネット（インターネットを活用した企業内ネットリーク）などの構築が主な仕事だ。多くの企業が経営戦略の重要課題の１つに挙げているEC（電子商取引）システムの確立・運用に関しても、ネットワークエンジニアが重要な役割を担っている。

ほか、音楽・映像を配信するストリーミング、ハッキング対策を含むセキュリティなど、カバーする技術領域は幅広く、活躍の場は広がっている。

しかし、進化のスピードが速いため、常に最新技術にアンテナを張り、スキルを磨いていく姿勢や意欲が必要。勉強嫌いでは、長く続けていくのは難しいだろう。

トラブルを解決へ導くサポートエンジニア

様々なユーザーに臨機応変に対応

パソコンやインターネットサービスなどのユーザーからの問い合わせや、トラブル時のSOSに対応するのがテクニカルサポート（カスタマーサポート）などのサポートエンジニアだ。電話での対応が中心で、相手の話からすばやく状況を判断して、解決に導く必要があるが、最近はChatなどが普及し、生成AIの利用も検討されている。

ユーザー年齢層は幅広くコンピュータに関する知識レベルにはばらつきがある。相手の知識レベルを察して、わかりやすい言葉で説明する気配りやコミュニケーション力も求められる。トラブルを解決し「ありがとう」といわれることが、大きなやりがいといえる。

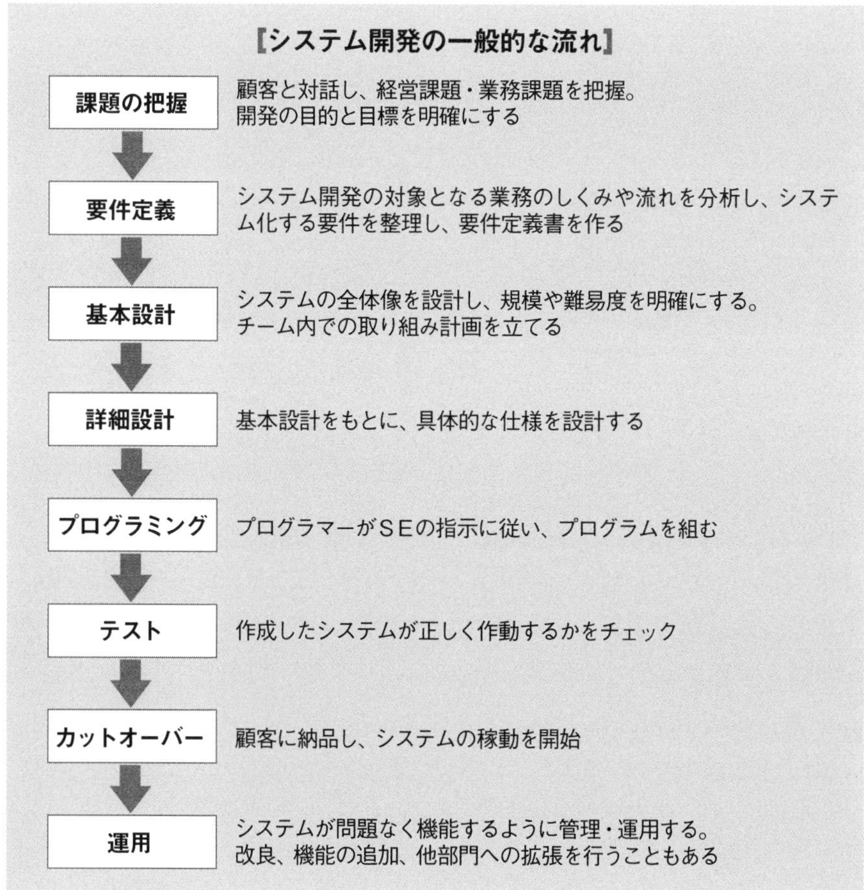

金融スペシャリスト

資金を運用して利益を上げるファンドマネージャー

■金融機関のほか一般企業でも活躍

ファンドマネージャーは、銀行・証券・生保・損保などの金融機関のほか、一般企業の財務部で活動している。資金を株式や債券に投資することによって運用利益を稼ぐ仕事だ。金融機関のファンドマネージャーは、主に投資家から預かった資産を運用。一般企業で働く場合は、自社の資産を元手に金融機関とやりとりをしながら運用する。

一方、各種金融機関の「融資マネージャー」と呼ばれる人は、自社の資金を法人や個人に融資して金利で利益を上げる。融資先の経営状況を調査・分析してリスクを回避する手腕が問われる。融資先が利益を上げられるよう、経営のアドバイスをすることもある。

これらの職務には、金融機関であれば営業職、一般企業なら経理・財務の経験を積んだ後に就くのが一般的だ。

金融商品売買で億単位の利益を追求するディーラー

■ハイリスク・ハイリターン型の仕事

銀行・証券会社・保険会社で活動するディーラーは、株・債券・為替などを売買することによって差益を得る。為替相場で円・ドル・ユーロなどの通貨を売買する為替ディーラー、債券を売買する債券ディーラー、外貨の貸借を扱うマネーディーラーなどがいる。

常に相場の変動を見ながら、瞬時の判断で莫大な金額を動かす仕事であり、わずかなタイミングの差が億単位の利益や損失を生む。プレッシャーは大きいが、手ごたえも大きい。その場その場で結果が明確に現れる仕事が好きな人には向いているだろう。情報収集力、冷静な判断力、気持ちの切り換えの速さ、精神的なタフさを要する仕事だ。

なお、トレーダーは顧客の売買注文を受け、ディーラーに取り次ぐ。顧客と信頼関係を築き、タイムリーな情報提供を行う営業的要素ももつ。

経済動向を読んで予測を立てる証券アナリスト

■国際情勢から個別企業まで情報収集

経済・産業全般から個々の企業の経営状態まで幅広く情報収集し、それらを分析して投資価値を評価。投資家に対し、投資意思決定のアドバイスを行う。活躍の場は、証券会社・証券会社系シンクタンクなどの「売り手側」と、銀行・保険会社・投資信託会社・投資顧問・一般企業の運用部門といった「買い手側」の両方に広がっている。

国際情勢や為替相場、政治家・識者の言動のチェック、企業のトップへの取材、街中でのトレンドのリサーチなど、行動範囲は広い。様々な方面での人脈づくりも欠かせない。

この仕事に就くには、営業などの経験を経て、証券アナリスト資格を取得するのが一般的なステップだ。

株式公開に向けたサポートを行う公開引受

■数年かけて体制整備を指導・促進

主に証券会社において、ベンチャー企業、中堅企業を株式公開へ導く仕事。公開に向け、財務戦略・資本政策・経営管理体制の整備・企業情報開示体制の整備に関するコンサルティングやアドバイスを行う。プロジェクトの立ち上げから公開まで半年～3年程度の長期スパンの仕事だ。新入社員でもサポート業務からプロジェクトに参加し、2～3年目から担当案件をもつようになる。企業の成長への貢献にやりがいが感じられる仕事だ。

保険などの掛け金・支給額を算出するアクチュアリー

■高度な数学・統計学の知識を駆使

保険会社や銀行のアクチュアリー（保険数理士）は、保険商品開発にあたり適切な保険料・支給額を算出するのが役割。事故・病死・被災などの確率を統計学的に分析し、保険料の損益分岐点をはじき出す。新商品開発が活発な中、ニーズが高まっている職種だ。

理数系学部を卒業し、入社後、働きながらアクチュアリー資格を取得するのが一般的。数字や数式に強く、個人の裁量で仕事を進めるのが好きな人に適した仕事といえる。

【バックオフィス系金融専門職の一例】

1 カストディ

外国証券投資などの場合において、投資家の代理人として有価証券の保管・受渡・決済・配当金の徴収などを行う

2 受渡

株式・債券などの有価証券を購入者へ受け渡すにあたり、証明書類の作成ほか事務処理を行う

3 与信管理・審査

融資を行うにあたり、相手企業の経営状況や財務状況、過去に融資した資金の用途などを調査し、融資を行うかどうかを審査・判断する

4 プロダクト・コントローラ

担当する金融商品について、収益構造を把握し、損益の算出や管理を行う。投資信託などでは基準価額の変動に伴い、時価の算出も行う

流通・サービス関連職

来店客に直接対応する販売・サービス職

■店づくりへの積極的な提案も行う

量販店・専門店・外食店舗のフロアで接客を行う販売・サービス職。来店客の要望・相談に応じ、１対１のコミュニケーションで商品の提案やコーディネートを行うほか、商品の管理・陳列、POP作成、顧客リスト管理、DM発送、アルバイトの統括・指導なども担当。トレンドに気を配り、ターゲットの年齢層・性別・嗜好を踏まえた魅力的な店づくりを促進する役割を担う。

流通企業や外食企業に就職したら、まずは店舗での販売・サービス業務からスタートするのが一般的。現場でどんな問題意識をもち、何を吸収するかによって、その後のキャリアステップの方向性が決まるといえるだろう。

店舗運営を総合的に仕切る店長

■新興チェーンでは20歳代店長も多数

店舗運営に関するすべての責任を担う店長職。商品の受発注、在庫管理、売上管理、スタッフの管理・教育、販売促進計画など、業務は幅広い。店を活性化させて販売力を高めるためには、店舗そのものや商品に気を配るだけでなく、スタッフのモチベーションを高める雰囲気づくりも重要だ。

店長に就任するまでには、販売スタッフ、チーフ（主任）、副店長などのステップを経る。企業により、または店舗の規模により、店長就任までに５～10年かかることもあれば、入社１～２年で任されることもある。新規出店を積極的に進める企業では、若手が早くから責任あるポジションを任される傾向が強い。

複数の店舗を統括・指導するスーパーバイザー（SV）

■経営のパートナーとしての側面も

店舗指導員、エリアマネージャーとも呼ばれる。複数の店舗を担当し、陳列・売り上げ・スタッフ管理など店舗運営全般をチェック。課題を指摘し、店長に指導・助言することもあれば、一緒に対策を講じることもある。特にフランチャイズ店舗の場合、オーナーが初心者のこともある。経営のパートナーとして、店の成長を支えるやりがいは大きい。

多くの場合、店長を経験し、指導力などを高めた上でSV職に就く。

店のコンセプトに合う商品を探し、買い付けるバイヤー

■仕事の成否が明確な数字で見える

バイヤーは、自社店舗で扱う商品を

仕入れる仕事。消費者のニーズやライフスタイルの変化をキャッチして次のトレンドを読む力と、コスト面にも配慮して仕入れ量を判断する力が求められる。売り上げに直結するだけにプレッシャーは大きいが、自分が仕入れた商品が売れたときの喜びも大きい。

販売職を経てバイヤーにステップアップするケースが多いが、海外で買い付けをする機会も増えているため、語学力を磨いておくといい。また価格交渉を行う折衝スキルも欠かせない。

商品展開の企画・戦略を担うマーチャンダイザー（MD）

■業界によってはバイヤーを兼務

マーチャンダイザーは、マーケティング結果をもとに、取り扱う商品の構成・販売量・価格などを決定。キャンペーンやフェア・広告・DMなどの販売促進企画を立て、実行する。企業によってはバイヤー業務も担当している。

販売職または営業職を経験した後でMDになる人が多い。情報収集力、企画力、数値管理力が求められる仕事だ。

新規出店の戦略を立て、実行する店舗開発職

■加盟店契約の交渉も担う

各地域の人の流れ、競合店の位置や経営状態を調査・分析し、新規出店の場所・物件を決定する。もっとも困難なのは、土地・物件の所有者との交渉。特にコンビニチェーンなどの場合、既存の個人商店に対し、フランチャイズへの加盟を交渉する場合も多い。契約成立後も、建設・改装・経営指導など、オープンまでの一連の流れに携わる。

法律も含めた不動産の知識、マーケティング力、交渉力を要する仕事だ。

【店長の１日の仕事の流れ――アパレル店の場合（一例）】

8：30	出社。本部や他店からのメールをチェック
9：00	スタッフに品出しの指示。店舗内各所をチェックし、陳列を手直し
9：30	朝礼。前日の売り上げと本日の売上目標を発表。反省点・注意点を伝達
10：00	開店。 レイアウト・ディスプレイ・商品納入などについて、販売チーフと打ち合わせ
13：00	午後から勤務のスタッフと昼礼。 フロアにて、客の流れ・商品の売れ行きを観察。スタッフの動きをチェックし、指導。 発注・納品スケジュール、勤務シフトの計画や確認など
20：00	閉店。退社

※月に数回、本社で開かれる店長会議に出席

制作関連職

スタッフをとりまとめて記事をつくる雑誌編集者

■自ら取材し、記事を書くことも

編集者の役割は、雑誌のコンセプトに合ったテーマで記事を企画し、その制作に適したライター・カメラマン・デザイナーなどを編成すること。取材対象者への交渉、印刷所とのやりとりのほか、様々な雑務をこなしながら、制作工程を管理する。また自ら取材に出向き、原稿を書くこともある。

コミック雑誌の編集の場合は、漫画家と一緒にキャラクター設定やストーリー展開を考えてアイデアを出すこともあり、ときにはエピソードづくりや作画のための取材も引き受ける。

斬新な発想力・好奇心の強さ・幅広い情報収集力はもちろん、多くのスタッフを束ねるコミュニケーション力も欠かせない。専門誌の編集であれば、その分野の深い知識も必要になる。出版社や編集プロダクションで経験を積んだ後、フリーになる人もいる。

ＴＶ番組の制作を仕切るプロデューサー

■時代を先取りする感性が求められる

テレビ番組プロデューサーの仕事は、番組の企画のほか、出演者・スタッフ・予算の決定、制作プロセスの管理など。時代の流れを読み、斬新でオリジナリティ豊かな企画を生み出す発想力はもちろん、番組スポンサー・広告代理店・制作スタッフなど多方面からの意見を吸い上げて調整する力も必要だ。

一方、番組の制作現場を指揮し、演出を手がけるのがディレクター。出演者やスタッフの一体感を強めるムードメーカーの役割も果たす。臨機応変な判断力に加え、コミュニケーション力も必要な仕事だ。インターネットとの融合が進み、視聴者との双方向機能が進化したことで、ディレクターにもその知識は不可欠だ。

スポンサーの要望を的確に形にするCMディレクター

■予算内で高いクオリティを追求

CMディレクターは、CMを企画立案し、コピーライター・カメラマン・デザイナー・スタイリストなどをとりまとめて制作の指揮をとる。

主な活躍の場は広告代理店か制作プロダクション。広告代理店で働く場合は、スポンサー企業の広報・宣伝担当者と折衝する場面も多い。

広告は魅力的なビジュアルやユニークな発想で人の目を引きつける「アート」的な要素ももつが、CMの制作は芸術の創造とは違う。スポンサーの意向をくみとって忠実に表現する力や調整力も求められる。

ホームページの効果を上げるWebプロデューサー

ニーズは、ますます増加

インターネットのホームページ制作にあたり、企画立案・制作管理を行うのがWebプロデューサー。インターネットサービスプロバイダーや、ポータルサイト運営企業、Webコンサルティング企業、広告代理店、制作プロダクションなど、活躍の場は幅広い。

現在では、あらゆる企業がホームページをもっているが、その目的は多様。Web上で自社商品・サービスを紹介するほか、注文を受け付けたり、顧客とコミュニケーションを図って信頼関係を築いたり、消費者の声を吸収してマーケティング・商品開発に活かしたりと、様々に活用されている。

Webプロデューサーに求められるのは、顧客企業が「ホームページをどう使い、どんな効果を上げたいのか」を正しく理解し、最適な手法を提案する力。

また、動画などのビジュアル要素を効果的に取り入れるノウハウやアイデアも重要になっている。

雑誌編集の流れ（一例）

情報収集・企画書作成
↓
企画会議
↓
ライター・デザイナー・カメラマンを選定し、打ち合わせ
↓
取材先の選定、取材交渉。情報・コンテンツ収集
↓
取材・撮影
↓
原稿・デザイン・写真の上がりをチェックし、印刷会社へ入稿
↓
校正
↓
印刷
↓
出版

テレビ番組制作の流れ（一例）

情報収集・企画書作成
↓
企画会議
↓
プロデューサーにプレゼンテーション
↓
出演者を選び、出演交渉。取材交渉
↓
スタジオを手配。局外で撮影する場合はロケ地を探す（ロケハン）
↓
撮影・収録
↓
編集作業。収録内容をカットしたり、つなぎ合わせたりして、ナレーションや音楽をつける
↓
オンエア

3 企業が求める人物像とは？

志望企業を選ぶときには、「自分が興味をもてる」のと同時に「自分のようなタイプを求めている」企業に出会うことが成功のカギ。そこで、企業が求めているのはどんな人材かを探ってみよう。

業界のイメージにとらわれず個々の企業の考え方に注目を

企業が欲しいと考えるのはどんな人材なのだろうか。

「求められる人物像」を業界という切り口で考えると、たとえばマスコミ業界であれば「好奇心が強く新しいものに敏感な人」、医療業界であれば「倫理観が強い人」、流通業界であれば「サービス精神が豊かな人」といった人物像がイメージされる。

しかし同じ業界でも、所属部門や職種、仕事内容によって求められる要素は異なるもの。また、個々の企業ごとに「求める人材像」も異なっている。たとえば、一見華やかに見えるゲーム業界の中にも、堅実な社風をもち「コツコツタイプ」の人を求める企業もある。一方、堅いと思われている業界の企業が、新ビジネスへの進出にあたり、社内を活性化させるため「イケイケタイプ」の人を求めているケースもある。

その業界のイメージだけで判断することなく、個々の企業の人材への考え方を把握した上で、自分に合う企業を選び、アピールすることが大切だ。

1つの企業でも、その時々の状況で求める人材像が変わる

企業が求める人材像を探るとき、1つの指標となるのが「企業の成長ステージ」だ。企業は創業後、拡大、安定、多角化……というように段階を踏んで成長していく。もちろん途中に低迷・衰退を経験することもある。

企業がどのステージにあるかによって、求める人材は異なってくる。狙う企業が、下に示すどの状況にあてはまるのか、チェックしてみるといい。

■企業ステージ変遷

創業期	設立から1～2年。事業に必要な経験やスキルをもつ人材を集め、組織の基盤をつくる
拡大期	組織の基盤はある程度固まり、収益の拡大をめざして、営業拠点や人員を増やす
安定期	拡大した事業や収益を安定させる時期。組織の秩序を整え、複雑化した業務の効率化を図る
多角化期	新規事業に進出。理由は「本業が安定したから」もしくは「本業の収益悪化をカバーするため」

それぞれの段階で求められる人材像について、一般的な特徴を紹介しよう。なお、創業期の会社については、経験やスキルをもつ即戦力人材を必要とし、教育体制も整っていないため、新卒を採用することはほとんどない。狙うなら、組織の基礎が固まりつつある拡大期以降の会社になる。

勢いやスピード感、自主的な行動力を望む拡大期企業

拡大期に入った企業では、競合相手が出る前に一気にシェアを広げるため、若手の力をフル活用し、「人海戦術」的な戦略がとられることも多い。職種は営業・接客・販売などが多く、慎重に取り組むタイプよりも、勢いがあり、すばやく動けるタイプが望まれる。マニュアルに頼ったり、上司や先輩の指示を待つのではなく、自分で考えて積極的に行動できることも重要だ。

また拡大に伴ってリーダーやマネージャーのポストも多く生まれるため、若手でも責任あるポジションを任せられるのが特徴。早く成長しようとする学習意欲や吸収力、リーダーシップをもつ人材を求めている。

社風にマッチした人材を求める安定期企業

業界内でのポジションを確立し、安定した業績を上げられるようになった企業は、「社風」も固まり、社内秩序も整っている。こういった企業では「異端児」的な人物よりも、自社の経営理念に共感し、社風になじめる人物を求める傾向が強い。社内秩序に従い、自分の役割をわきまえて行動できる協調性、バランス感覚も必要だ。

このステージの企業を狙うなら、しっかりと会社を研究し、理念や方針に自分自身が共感できるかどうかを見極めよう。どの部分が共感できるのかも自分なりに整理しておくと、アピールがしやすくなるだろう。

ただし、安定期企業の中には、次のステージを見すえて「脱皮」しようとする企業も少なくない。そういった企業では、現社員に多いタイプとは一味違うタイプの人材を求めているかもしれない。その企業が次に何をしようとしているのかにも注目しよう。

既存社員にはいないタイプの人にも注目する多角化期

既存の事業の行き詰まり感を打ち破ろうとする企業は、固定観念や古い習慣にしばられず、斬新な発想ができる人を求めている。また、異分野の事業に進出する場合は、自社社員にない知識やノウハウをもつ人が必要になる。

そこで、これらの企業では、異なる分野の人材、異なる文化をもつ他社で働いた経験がある人材を中途採用することが多い。そこには、組織に新風を送り込んで刺激を与える狙いや、既存社員とのコラボレーションによって、相乗効果を生み出したいという期待が込められている。

そんな状況にある企業では、新卒採用でも、組織を活性化する人材を求めている。「知名度があるから」「安定していそうだから」といった動機で志望する人には当然興味を示さないだろう。もちろん、経営理念など、企業の「魂」に共感し、その企業の商品やサービスが好きであることは重要だ。しかし、すでに完成されたブランド力に頼るのではなく「ブランド力を活かして、さらにこんな新しいことをやってみたい」というチャレンジ精神をもつ人が求められている。

やりたいことを明確にもっている人に、企業は期待する

業界・企業規模・成長ステージにかかわらず、企業が欲しいと思うのはどんな人材なのだろう。

多くの人事担当者が重視する要素に「コミュニケーション力」がある。社内の仲間、外部の協力会社、顧客など、人とかかわらない仕事はない。人の話をしっかり聞けて、自分の言いたいことを過不足なく伝えられることは、ビジネスパーソンとしての基本だ。

そして選考で注目されるのは、自分がやりたいことを明確にもっていて、なぜその会社を選んだのかをはっきり言えるかどうか。単に「御社に興味があるから」ではなく、「自分がその会社で何をしたいのか」を伝えられるようにしておくことが重要だ。

こぼれ話　中途採用広告から探る「求められる人材像」

企業を研究するとき、新卒採用の案内だけでなく、その企業の中途採用広告にも目を通してみるといい。新卒向けとは異なるメッセージが発信されていることも多く、企業を別の角度から理解することができる。2021年4月から常時雇用者301人以上の企業に正規雇用労働者の中途採用比率公表が義務化されている中、企業の「人」に対する考え方も見えてくるはずだ。また、個々の企業だけでなく、転職情報サイトなどを眺めてみるのもいいだろう。どんな職種やスキルをもつ人が多く募集されているかがわかり、「今、求められている人材像」がつかめる。

就職活動シミュレーション

就職活動に臨むために必要なノウハウを紹介。準備から実際の面接場での受け答えにおける注意点までを学習します。また、就職活動ノートの作り方や試験対策も総点検します。

1 就職活動の流れを知っておこう

就職活動といっても、そもそも何をしたらいいのだろう？　そんな不安を解消するために、まずは就職活動の基本的な流れを把握してイメージをつかんでおこう。早めの心構えが内定への近道だ。

就職活動の基本的な流れはこうだ！

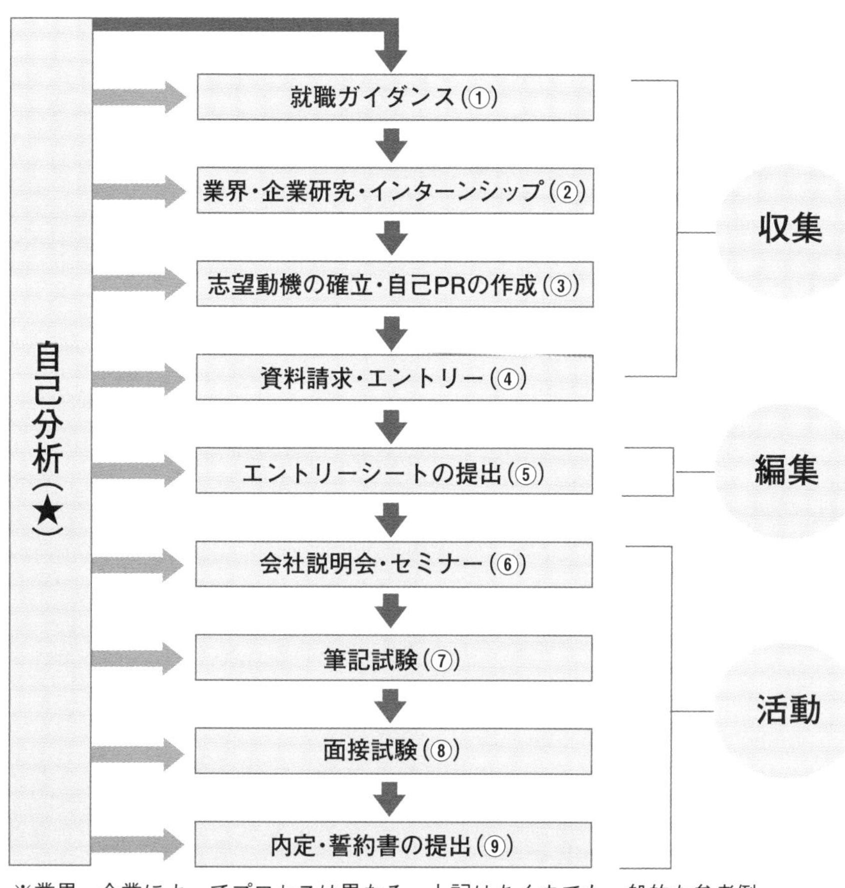

※業界、企業によってプロセスは異なる。上記はあくまでも一般的な参考例。

自己分析（★）

自分がどんな人間で、どんな仕事や職種に向いているかを考えること。過去に打ち込んできたことや好きなこと、その理由や背景などを確認する作業だ。これは日常的にやっておくこと。まだ考えていない人は今すぐ始めよう。

就職ガイダンス（①）

おおむね3年生の春頃を皮切りに数回にわたり実施される（オンラインあり）。

業界・企業研究・インターンシップ（②）

自分がどの業界で働きたいのか決めるため、各業界の概略について調べること。興味のある業界から手をつけてもいいだろう。業界がしぼれたら、会社案内やホームページ、新聞などを活用して情報収集をし、企業と希望職種をしぼり込んでいく。企業研究には、インターンシップに参加して実際の仕事を体験してみたり、OB・OG訪問を通じて社員の生の声を聞いたりすることも大事だ。

志望動機の確立・自己PRの作成（③）

志望動機は自己分析、業界研究、企業研究をベースに、なぜその企業・職種なのかを明確にする。自己PRはアルバイトやサークル活動など日常生活を題材に、そこから自分が何を学び、学んだことを仕事にどう活かせるのかを説明する。

資料請求・エントリー（④）

興味のある企業にコンタクトする最初の一歩。就職関連サイト、企業のホームページ、電子メールなどで行う。

エントリーシートの提出（⑤）

企業が独自の形式で応募者に記入・入力させる書類がエントリーシート。プロフィール欄のほかに、志望動機や自己PR欄などがあり、スペースも広い。

会社説明会・セミナー（⑥）

企業が学生に対して会社概要や仕事内容などを説明する場（オンラインあり）。単なる説明会の場合と、筆記試験や面接試験などの選考を兼ねる場合がある。

筆記試験（⑦）

適性検査（SPI3・CAB・GABなど）と一般常識、論作文の3つがメイン。ここでつまずくと面接試験まで進めない場合もある。

面接試験（⑧）

個人面接、集団面接、グループディスカッションなど様々な種類があり、オンライン面接（Web面接）も定着。企業によっては1次が個人面接で2次が集団面接など、いろいろなパターンが組み合わされている。

内定・誓約書の提出（⑨）

内定者が他社に流れるのを防ぐ目的で、誓約書を提出させる企業も多い。トラブル回避のためにも提出は慎重に。

② 準備なくして勝機なし

就職活動では、企業にアプローチする前の下準備が重要だ。自己分析、業界研究、情報収集……やるべきことは盛りだくさん。どれだけ万全な態勢で臨めるかが合否を左右する。

自己分析

①就職活動を成功に導く土台

自己分析とは自分を知る作業のこと。「自分がどんな人間なのか」「これから何をしたいのか」を理解していなければ、厳しい就職戦線を勝ち抜くことはできない。自分自身を見つめ直すことで志望業界、職種もしぼり込まれてくるし、自分のアピールポイントも見えてくる。自己分析を怠れば、面接で聞かれる「学生時代に打ち込んだことは何ですか？」「当社でどんな仕事をしたいですか？」といった定番質問にも明確に答えられない。まずは己を知ることから始めよう。

自己分析で見えてくるもの

価値観、職業観
自分はどんな人間か

能力
自分は何ができるか

興味
自分は何をやりたいか

就職活動の土台
志望動機、自己PRを
考えるときの基礎になる

②日頃からやっておこう

自分がどんな人間かを見つめ直す作業は、簡単に答えが見つかるものではない。日頃から自己分析を行い、常に改良の意識をもつようにしよう。

自己分析のプロセスに「これが正解」というものはないが、まずは自分の過去、現在、未来について考えてみることが基本となる。過去の出来事の中で楽しかったこと、つらかったことを思い出してみよう。なぜそう感じたのかを分析することで、好きなこと、嫌いなことが明確になる。ここで重要なのは自分がどんな人間か、何をやりたいのかがわかったら、それを具体的な仕事や職業観にリンクさせて志望動機へとつなげること。あくまでも就職活動のための作業であることを忘れずに。単なる性格分析になってしまわないように注意しよう。

自己分析４つのステップ

ステップ1 過去の体験を掘り起こそう

今までの人生を振り返り、アルバイトやサークル活動など、自分が熱中したことや転機となった出来事を取り上げ、その動機や背景について考えてみる。これを繰り返すと、人格や価値観が形成された過程がわかり、結果的に気づいていなかった自分の目的意識にたどりつくことができる。大学時代から高校、中学と、最近の出来事からさかのぼっていくと思い出しやすいだろう。

ステップ2 現在の自分について考えよう

ステップ１で掘り起こした過去の経験が、現在の自分の性格（長所や短所）や価値観、得意分野にどのような影響を与えたのか考えてみよう。たとえば「人の役に立ちたい」と思っているのなら、過去のどんな経験が影響しているのか。「あきらめが悪い性格だ」と思うなら、それを証明する具体的エピソードはあるかなど、根拠となる経験をリストアップしてみる。

ステップ3 将来やりたいことを明確にしよう

過去と現在の自分を関連づけながら、自分は何ができるのか（能力）、生きる上で大切にしていきたいものは何か（価値観）、何をやりたいのか（興味）について整理してみる。最初のうちは漠然としていても、イメージ優先でも構わない。志望動機のベースとなるため、時間をかけてじっくり考えること。

ステップ4 やりたいことができる職場を考えよう

自分ができること、やりたいことを実現するためには、どんな業界のどんな仕事が合っているのかを考える。業界や仕事について紹介している本などを参考に、業界研究、職種研究を始めよう。具体的な仕事が見えてきたら、実際に働く人に話を聞いてみよう。自分のやりたい仕事が明確になってくるはずだ。

4つのステップでやりたい仕事が見えてくる

	Aさんの場合	Bさんの場合	Cさんの場合
ステップ1	駅のホームで車いすユーザーの乗車を介助し「ありがとう」と言ってもらえた。	オンラインで海外の学生と積極的に交流。語学力もつき、友人もたくさんできて視野が広がった。	アルバイトでチェーン店のリーダーを任された。独自のアイデアで売上アップを実現し評価された。
ステップ2	困っている人や弱い立場の人を見ると放っておけない性格。仲間内でも世話好きとして通っている。	TOEIC®L＆Rテストのスコアは800点で日常会話も楽にこなせる。何事もはっきり主張するタイプ。	負けず嫌いで有言実行が信条。課題を与えられたり、ライバルがいると俄然やる気が出るタイプ。
ステップ3	お金のためではなく人や社会の役に立つために働きたい。何らかの形で社会貢献できる仕事がしたい。	英語を活かしながら働きたい。語学力もさらに磨きたいし、国際的な舞台で活躍したい。	具体的な目標が設定されている仕事。結果が数字として表れ、きちんと評価される仕事がしたい。
ステップ4	医療や福祉の仕事、環境問題に取り組める仕事など。	外資系企業、海外進出に積極的な企業など。	営業職、企画職や経営コンサルタントなど。

◀◀◀③頭の中の考えは「書く」ことで整理される▶▶▶

自己分析で重要なのは「書き出す」作業だ。たとえば「どんなサークルに入ったか？」「それを選んだ理由は？」「サークルを通じて何を学ぶことができたか？」について考えるとき、頭の中だけで整理しようとしてもなかなかまとまらない。その点、書く行為は考えをまとめるのにとても適している。漠然とした記憶も書き出してみることで具体的になるし、書いたものを眺めることで、バラバラだった考えを整理することができる。

自己分析は長い就職活動中、絶えず見直していかなければならない。分析→実践→反省のプロセスを繰り返すことで、より完成度の高いものになっていくからだ。反省を次に活かすためにも、そのプロセスはきちんと記録し、面接の際の貴重な資料として役立てるようにしたい。

市販のノートでもワークシート形式の自己分析本でも何でもいい。とにかく自分の過去、現在、未来を書き出してみる……。これが自己分析作業の基本だ。

◀◀◀④第三者の意見を聞いて客観性をもたせる▶▶▶

机に向かって１人で黙々と考えるだけが自己分析ではない。違った角度から自分を見つめ直すために、家族や友人など第三者の意見を積極的に聞いてみよう。

自分では気がつかなかった長所が見つかったり、欠点だと思い込んでいた部分が意外に高く評価されていたりするだろう。外から観察できない自分自身を周囲の人に評価してもらうことで、「自分が考える自分」と「他人が考える自分」にズレがあることがわかるはずだ。「自分が向いていると思っていた仕事」と「実際に向いている仕事」が違っているかもしれない。このズレを埋める作業をすることで、自己分析はより完成度の高いものになっていく。

第三者の意見を聞いて自分を見つめ直すことは「自分がどんな人間か」を客観的に考える上で欠かせない。たくさんの人に会い、率直な意見を聞いてみよう。

こんなことを聞いてみよう

- 家族・親戚 ← 自分はどんな子どもだったか、長所と短所はどこか
- 高校時代の友人・先生 ← 当時の自分の性格、それを裏付けるエピソード
- アルバイト先の仲間・上司 ← 自分の働きぶり、どんな仕事が向いているか
- 大学の仲間、先輩、教授 ← 自分の人物像、長所と短所、得意分野

◀◀◀⑤インターネットを活用する▶▶▶

インターネット上には、就職関連サイトの掲示板やSNSのコミュニティなど、学生同士が意見交換できる場がたくさんある。これらを自己分析にも役立てよう。

大学の友人との情報交換には限りがあるし、自分と同じ志望業界や、似たようなビジョンをもっている仲間を見つけるのは難しい。その点、ネット上には全国から様々なタイプの学生が集まってくる。自分の性格を的確に表現できる人、将来のビジョンが明確な人……。大学の枠を越えてたくさんの人と接することは、自分を見つめ直す新たな視点を与えてくれるはずだ。万が一自己分析で行き詰まってしまっても、掲示板やSNSで悩みを打ち明ければ、たくさんの仲間がアドバイスをくれ、励ましてくれる。ここで重要なのは、個人情報管理を常に意識しておくこと。学校名、連絡先などの情報が流出すると、悪用されるリスクがあることをしっかりと認識して、インターネットを利用するようにしよう。

地道で根気のいる自己分析は、途中で嫌気が差したりスランプに陥ることも多い。インターネットを賢く利用して、仲間同士支え合いながら乗り越えていこう。

◀◀◀⑥長所から自己PRにつなげる▶▶▶

性格の特徴には両面性がある。長所であっても度が過ぎれば短所にもなり得る。この表裏を意識して自己PRにつなげよう。さらに長所には仕事に活かせる長所と、活かせない長所がある。効果的な自己PRを練るためには、この2つの違いを見極めることが肝心だ。自己分析で長所について考えるときは、自分の長所（強み・適性）が「企業にとってどんなメリットになるか」を意識しながら行うこと。それを裏付けるエピソードを思い出し、最終的にやりたい仕事と関連づけていく。ここまでできれば説得力のある自己PRの完成だ。

これで成功！　自己分析

1. 最初から完璧なものを作ろうとしない

自己分析は繰り返すことで完璧な状態に練り直されていくもの。初めから完璧なものを求めない。最初はたたき台レベルのものでいい。楽な気持ちで、頭に浮かんだものを思いつくままに書き出していこう。

2. 自分についての材料は幅広く集める

自分が思い出せる記憶には限界がある。過去のエピソードや自分の特徴などについては、友人や家族など第三者の意見も積極的に聞くようにする。使える使えないは考えず、とりあえず自分を評価するための材料をたくさん集めよう。

3. 事実を直視する

無意識のうちに理想的な自分を作り上げてしまわないように、思い出したくない過去、失敗、欠点があってもきちんと直視すること。過去の経験は、悪いことも含めて１つとして無駄なものはない。事実だけに目を向けよう。

4. メモ魔になる

自分について考えるきっかけは、いつ、どこに転がっているかわからない。学校で、アルバイト先で、電車の中で……。日常生活でふと思いついたとき、スマートフォンなどですぐに記録するようにしておこう。

5. 抽象的な表現はバツ

「親しみやすい」「誠実だ」「行動力がある」など、抽象的な表現では自分がどんな人間かは伝わらない。競争相手たちの中で埋もれないようにしよう。
「自己分析は具体的に」が鉄則だ。実際にあったエピソードまで深く掘り起こすこと。

業界・企業研究

◀◀◀①最初からしぼり込み過ぎない▶▶▶

自己分析で自分のやりたいことが見えてきたら、次はそれが実現できるのはどの業界かを考えていく。業界の基礎知識については第１章で詳しく解説しているので参考にしてほしい。世の中には数多くの業界・企業が存在する。その中から自分に合った１社を見つけるための第一歩が業界研究だ。

業界研究を行う場合に注意することは、自分の憧れやイメージに偏り過ぎないようにすること。好感をもてる業界があることは大切だが、「格好いいからマスコミ」「楽しそうだから旅行」などと最初から業界をしぼり込み過ぎると、活動中盤で軌道修正が生じたときに持ち駒がなくなってしまう。就職活動は試行錯誤の連続だ。興味がある業界からアプローチするのは構わないが、最初はなるべく視野を広げ、できるだけ多くの業界について調べてみるほうがいい。

◀◀◀②情報収集は多面的に行う▶▶▶

業界・企業研究のための情報収集は幅広く行うことが重要だ。よく会社案内やホームページを眺めただけで満足してしまう人がいるが、それはあくまで会社側にとって都合のいいこと、企業の主観的な情報だということを肝に銘じておこう。

興味のある業界や企業については、新聞、ビジネス雑誌、『会社四季報』『就職四季報』、専門紙などからできるだけ多くの客観的な情報を仕入れるようにしたい。これらの情報源には、業界や企業のよい部分だけでなく、問題点やマイナス情報も盛り込まれている。企業側からの一方的なイメージ戦略に踊らされることなく、公平に業界・企業を判断するために積極的に活用したい情報ツールだ。

人間に長所と短所があるように、業界や企業にもそれはある。幅広く情報収集することで業界や企業の長所だけでなく、課題や問題点などの短所まで知り尽くすことが、本当の意味での業界・企業研究だ。

業界・企業研究の情報源

新聞

世の中を知るにはやはり新聞が一番。毎日欠かさず読み、政治、経済、国際社会の動きにアンテナを張っておこう。複数紙に目を通せばより客観的な判断ができる。

会社案内・ホームページ

事業内容や財務データなど、企業の概要を知る上でベースになる情報源。ホームページを見ればニュースリリースを読むこともでき、最新の情報が入手できる。

『会社四季報』『就職四季報』

上場・店頭公開企業の情報源。特に『就職四季報』には採用数の推移や男女比、平均勤続年数などのほか、待遇面のデータも掲載されており、就職活動に欠かせない。

ビジネス雑誌

『日経ビジネス』『プレジデント』『週刊東洋経済』などのビジネス雑誌には経済界の旬な話題が満載。経営者のインタビュー記事から企業理念を探ることもできる。

ビジネス書籍

書店のビジネス本コーナーには、業界シリーズや企業の分析本などがたくさん並んでいる。興味のあるジャンルのものを読めば、業界動向や企業の位置づけがわかる。

就職情報誌

就職情報会社から送られてくるもので、就職活動のノウハウのほか、企業の経営方針、会社データなどが記されている。

OB・OG訪問

会社案内や情報誌からは見えてこないリアルな情報が入手できる。職場の実態や仕事内容がわかるので、企業の本質を見極めるための貴重な情報源といえる。

会社説明会・セミナー

企業の個性が出るため、当日の段取り・スタッフの対応から、その会社の社風や採用に関する意気込みがよくわかる。工場見学など、実際の職場を見られる機会も。

就職関連サイト

検索システムやリンク機能が充実しており、業界や企業に関する情報を手軽に入手することができる。たくさんの業界や企業を比較検討するときに便利だ。

仲間同士の情報交換

自分１人でできる情報収集には限りがある。就職活動中の仲間と積極的に交流して情報をゲットしよう。根拠のない噂が飛ぶこともあるので、冷静な判断も必要。

◀◀◀③将来性に注目してみる▶▶▶

業界・企業研究を行うときに、注意してほしいのは「現状にとらわれ過ぎない」こと。今は元気な業界・企業でも、５年後、10年後も元気とは限らない。「今がいいから」という理由だけで選んでしまうと、将来、万が一厳しい状況になったときに頑張りがきかない。

一方、今はまだ黎明期でも、将来的に伸びると予想される産業にもぜひ注目してもらいたい。たとえば「健康」や「環境」などはこれからも成長産業のキーワードだ。成熟していないからこそ、様々なジャンルの仕事に挑戦できる可能性は大きいといえる。

職種研究

◀◀◀①同じ職種でも仕事内容は千差万別▶▶▶

同じ職種でも業界・企業によって仕事の内容は大きく違う。いちばんわかりやすいのが営業職だ。一口に営業といっても、クライアントが法人か個人か、業態が新規開拓かルート営業か、扱う商品が有形（食品や車など）か無形（アイデアやサービスなど）かによって働き方はまったく違ってくるし、求められる適性も違う。「自分は内向的なので営業は向かない」と思い込んでいる人も、新規開拓は無理でも、アフターフォロー中心の営業やじっくりと顧客との信頼関係を築いていく営業であれば、意外に向いているかもしれない。

入社してから「こんなはずじゃなかった」と後悔しないためにも、また自らの可能性を狭めてしまわないためにも、職種は仕事内容まで見極めて決めよう。

こぼれ話

新聞は効率的に読もう

就職活動中は毎日欠かさず新聞を読むようにしよう。といっても、新聞には膨大な情報が詰まっているので、片っ端から読んでいこうとすると混乱してしまう。知りたい情報を整理し、効率的に読むのが長続きのコツだ。

まず、一面の見出しをチェックしてその日のトピックスを押さえよう。本文まで読めれば理想的だが、慣れないうちはたいへんなので記事の前文だけでもいいだろう。次に自分が興味をもった記事、志望業界・企業の関連記事へと進んでいこう。

②迷ったときは裏情報に注目

銀行の融資担当も面白そうだし、百貨店の売場に立つのも悪くない。テレビ番組づくりにも興味がある……。目移りしてなかなかしぼり込めない人もいるはず。そんなときは、できるだけ多くの人に会って仕事の裏情報を集めてみよう。

たとえば銀行なら、数年に一度は転勤があるのが一般的だ。入社して当分の間は国内を転々とする可能性が高い。１か所に腰を据えて生活したい人には向かないだろう。土日が休みではない流通の場合、入社後は友人と休日が合わず、次第に疎遠になっていく可能性もある。華やかなイメージのマスコミも、実際は過酷な労働環境であることも多く、体力に自信がなければ体を壊しかねない。

このような仕事の実態は、新聞や会社案内を見てもわからない。現場で働く社会人に直接会って、本音で語ってもらうのがいちばんだ。職種研究で迷ったときは、仕事内容だけでなく、その裏に隠されている実態まで調べてみよう。イメージと現実のギャップを知り、驚くことも多いかもしれない。そこで躊躇（ちゅうちょ）してしまうようなら、候補からはずしたほうが得策だ。

こぼれ話

新卒者の離職率をどうとらえるか

近年、新卒入社組の早期離職率の高さが問題視されている。厚生労働省の調査によると、大卒者の実に約３割が、入社３年以内に離職しているという。

その理由の１つとして、入社してから「こんな会社だとは思わなかった」「こんな仕事だとは思わなかった」と理想と現実のギャップに直面してしまったことが挙げられている。就職活動時に業界・企業研究を怠り、安易に就職してしまったのではという声も少なくないが、近年は労務管理の悪さを指摘される企業も見られる。不本意な離職を経験しないためにも、十分な企業研究が重要だといえる。

OB・OG訪問

◀◀◀①企業の本質を見極める情報源▶▶▶

企業がどんな人材を欲しがっているか、どんな社風、職場環境なのかは実際に働いている人の生の声を聞くのがいちばん。そのために行うのがOB・OG訪問だ。志望する業界・企業の社員にオンラインを含めて積極的に会い、仕事内容や会社の様子について聞いてみよう。早い時期にOB・OGと話すことは社会人とつきあうことに慣れる絶好の機会だし、面接の練習にもなる。できるだけ多くのOB・OGと話すために、活動が本格化する前に開始するようにしよう。

たとえ志望企業にOB・OGがいないからといって、簡単にあきらめてはいけない。あなたと社会人の接点は、いろんなところに転がっているはずだ。

OB・OGはこうやって探す

●大学の名簿を利用する

就職課やゼミ・サークルの卒業者名簿から、気になる業界・企業に就職した先輩を探す。連絡先が明記されていればアポイントもスムーズにいく。

●アルバイト先の人脈を利用する

アルバイト先の先輩や上司に、気になる業界・企業に勤めている知人がいないか聞いてみる。日頃から親しくしていれば快く紹介してくれるはず。

●家族・親戚の人脈を利用する

社会人経験の豊富な親、親戚のツテを探せば、管理職クラスの意見を聞くことができる。企業の人事部長など、意外な大物が見つかることも。

●企業の人事部に相談してみる

少し勇気がいるが、気になる企業の人事部に電話をし、社員を紹介してもらえないか聞いてみる。募集に熱心なところなら紹介してくれる場合もある。

●他大学の友人の人脈を利用する

自分の大学のOB・OGがいない場合、他大学の友人にOB・OGを紹介してもらうという手もある。志望業界が同じなら友人と一緒に会ってもいいだろう。

●SNSを利用して探す

フェイスブックやエックスなどで検索してOB・OGを探してみる。どのような立場の人なのか、しっかりと見極めた上で、コンタクトをとってみること。

②質問事項は整理しておく

OB・OGは忙しい中でも時間を割いてくれるのだから、時間は無駄にしないよう心がける。効率的に質問できるよう、知りたいことを整理してノートに書き出しておくほうがいい。もちろん、話を聞くときはメモを取ること。

OB・OGに聞くことは大きく2つに分けられる。「会社・仕事」についてと「就職活動」についてだ。

OB・OG訪問で聞いておきたいこと

会社・仕事について

●入社動機（なぜこの会社を選んだのか）●仕事内容とやりがい●つらいことや失敗談●会社の雰囲気●入社前後でのイメージのギャップ●会社案内の内容でわからない点●他社情報、業界動向について●社員教育、異動、転勤について●転職を考えたことがあるか

就職活動について

●志望動機●どんな自己PRだったか●エントリーシートや筆記試験対策について●面接で聞かれたことやアピールしたこと●苦労したことや失敗談●自分の印象●他のOB・OGの紹介依頼●記入したエントリーシートの添削のお願い●もう1回就職活動するとしたら同じ会社を選ぶか

③1社につき複数人と話すのがベスト

OB・OG訪問は、できれば1社について複数人に行うのが理想的だ。なぜなら就職活動の体験談について聞くなら入社したての若手社員がいいし、会社全体の事情や業務のことを聞くなら中堅クラス以上の社員が適している。また組織のあり方や会社の方向性を聞くなら幹部クラスの社員といったように、相手のキャリアによって入手できる情報は異なるからだ。また、まだ職種がしぼり切れていない場合は、所属部署（仕事）が異なるOB・OG複数人に話を聞くようにすれば、自分がどんなセクションの仕事に向いているかを考える手がかりになる。

OB・OG訪問の際に意識してほしいのは、彼らの意見はあくまでも本人の主観だということ。彼らの意見は貴重だが、たった1人の意見からその会社のすべてを判断してしまわないように。会社の実像を客観的に見極めるためにも、1社についてできるだけ多くのOB・OGと話すように努めよう。

なお近年は、OB・OG訪問における性被害を指す「就活セクハラ」が大きな問題になっている。不適切な事態に遭遇したときには、迷わず大学の就職課などに相談するようにしてほしい。

インターネット活用術

◀◀◀①情報収集のための必須アイテム▶▶▶

就職活動の必須アイテムであるインターネット。企業のホームページや就職関連サイトなど、ネットから入手できる情報は計り知れない。最近ではWebエントリーしか受け付けず、セミナー告知や選考結果をメールで連絡してくるといった企業が多い。情報戦ともいえる就職活動では、インターネットを有効に活用できるか否かが勝敗を大きく左右する。

インターネットでこれだけできる

●企業のホームページ・LINE・Facebook・X・Instagram
会社案内ではわからない最新の情報が入手できる。採用コーナーを設け、選考スケジュールや社員の声を載せている企業も。

●エントリーシートの提出
志望動機や自己PRをネット上のフォーマットに入力して送信する。Webエントリーしか受け付けない企業もある。

●インターンシップ・会社説明会・セミナーへの参加申込み
参加申込みもネット上で受け付ける企業が中心になった。先着順で締め切ってしまう企業もあるので、受付開始直後はアクセスが殺到する。

●就職関連サイト
企業検索、業界・企業動向、資料請求、就職活動体験記、スケジュール管理など、就職活動に役立つ情報・機能が満載。

●掲示板・SNS
学生が書き込みを介して情報交換する。選考内容や企業の動きなどに関する情報がリアルタイムで入手できる。

◀◀◀②学生同士の情報網を味方にする▶▶▶

インターネットの最大の利点はいつでもどこでも24時間リアルタイムで情報収集できること。この利点が最大限に発揮されるのが掲示板、SNSだ。「面接でこんな質問をされた」「筆記試験の問題はこうだった」「内定の通知が届いた」など、選考に関する仲間たちの生の声がリアルタイムで届く。学生たちの情報網のすごさについては企業の人事も認識していて、選考が数日にわたる場合は試験内容を変えるなどして対応している。自分と同じ立場で頑張っている仲間の存在は、長く厳しい就職活動を続ける上ではとても心強い。

◀◀◀③情報をうのみにしないこと▶▶▶

仲間の書き込みは貴重な情報源だが、発信者の顔が見えないインターネットの場合、情報の真偽については十分に気をつけよう。

ネット上に溢れる情報の中には、根拠のない噂やフェイクも多い。だからといって、完全に排除してしまうのも惜しい。自分で確かめられない情報については、あくまでも参考程度としてとらえたほうが安全だ。インターネットを利用するときは、くれぐれも情報に振り回されないように注意しよう。

◀◀◀④便利さゆえの落とし穴▶▶▶

インターネットを利用すれば手軽にたくさんの情報が入手できる。だからといって、むやみやたらに情報収集するのは得策ではない。

たとえばあらゆる就職関連サイトに登録すると、会員数の多い大規模なものでは1日に何通ものメールが届く。簡単に登録できるからといってたくさん入り過ぎた結果、1日に届くメールが膨大な数になり、本当に必要な情報が埋もれてしまうということも。

また、クリック1つで複数社に一括エントリーできる便利さから興味のない会社にまでエントリーしてしまうと、不必要な資料がどんどん届き混乱するだけだ。

効率的な情報収集がインターネットの強み。便利だからといって安易に利用すると情報に埋もれてしまい、本末転倒な結果をまねく。自分の情報整理能力を超えない範囲で賢く利用しよう。

こぼれ話

先輩の「就職活動報告書」を活用しよう

インターネットを通じた情報収集が当たり前になった今、意外な情報源が身近にあることを知っておきたい。大学の就職課やキャリアセンターがまとめている卒業生の「就職活動報告書」だ。

内定を得てそれぞれの道に進んでいった先輩たちが、どのような資料を参考にして業界・職種研究を行ったのかが、記録として詳細に残されている。大学によっては、報告書が業界別に分類されている場合もあり、自分の希望に合わせて情報を集めることもできる。インターンシップの詳細や採用試験内容について調べていく上でも、貴重な情報源になり得るので、積極的に活用するようにしたい。

◀◀◀⑤情報は整理してこそ価値がある▶▶▶

情報収集に追われる就職活動では、入手した情報をいかに整理できるかが重要だ。膨大な情報の中から自分にとって必要な情報だけをわかりやすく整理するために、活動を開始したら就職活動ノートを作ろう。ノート作成のポイントは2つ。「会社データ」と「活動の記録」をわかりやすく整理することだ。

会社データでは、気になる企業の会社概要や採用情報などを書き込んでおく。書き込むのが手間ならコピーしたものを貼ってもいい。必ず大きめの自由欄を設け、セミナー参加や会社訪問後に感じた印象、人事や社長の発言内容、事前情報との相違点などをメモしておくようにする。

活動の記録では、活動予定のほかエントリー先リスト、OB・OGの連絡先、気になったニュースなどを記入。活動のピーク時には1日複数社の選考が重なることもあるので、見やすく予定を書き込めるように工夫しておく。さらに反省点を書き込むスペースも不可欠だ。失敗を次の選考に活かすように作成してみよう。

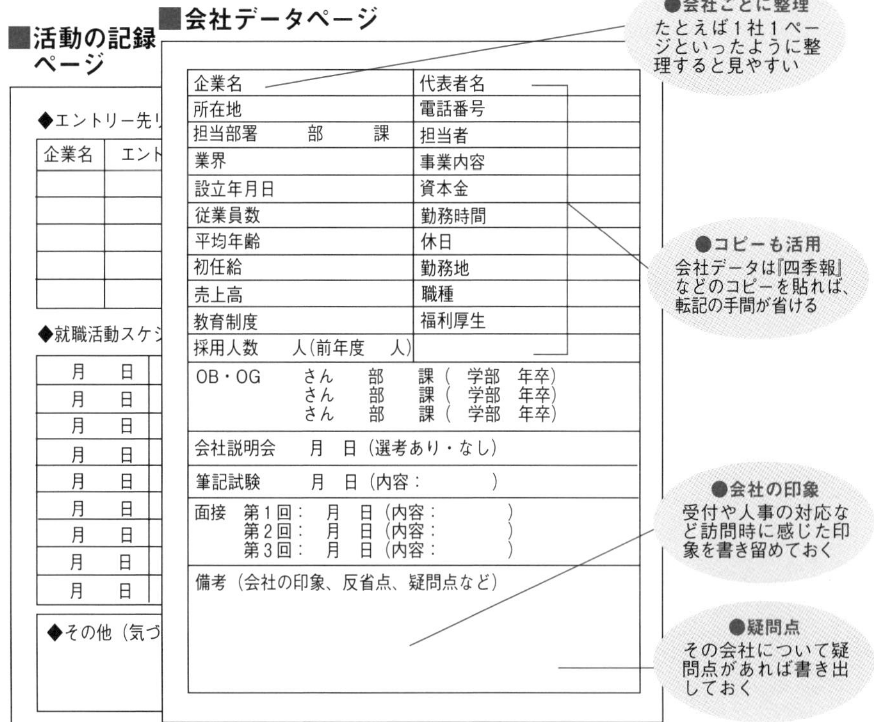

■活動の記録ページ

◆エントリー先リ

企業名	エント

◆就職活動スケジ

月　日
月　日
月　日
月　日
月　日
月　日
月　日
月　日
月　日

◆その他（気づ

■会社データページ

企業名	代表者名
所在地	電話番号
担当部署　部　課	担当者
業界	事業内容
設立年月日	資本金
従業員数	勤務時間
平均年齢	休日
初任給	勤務地
売上高	職種
教育制度	福利厚生
採用人数　人(前年度　人)	
OB・OG　さん　部　課（　学部　年卒） さん　部　課（　学部　年卒） さん　部　課（　学部　年卒）	
会社説明会　月　日（選考あり・なし）	
筆記試験　月　日（内容：　）	
面接　第1回：　月　日（内容：　） 第2回：　月　日（内容：　） 第3回：　月　日（内容：　）	
備考（会社の印象、反省点、疑問点など）	

インターンシップ

◀◀◀①仕事について考える絶好の機会▶▶▶

インターンシップとは、在学中の学生が興味のある企業で就業体験できる制度のこと。採用のミスマッチを解決する手段として、導入する企業が急速に増えている。実施期間は2～3日、5日、1～2週間をはじめ、1か月以上にわたる長期のインターンシップや、オンラインで実施されるプログラムもある。また、多くの企業が大学の夏季・冬季休暇時期を中心に日程を組んでいるが、ベンチャー企業などでは通年募集をしているところも多い。会社説明会では見えない企業の内情がわかると同時に、自分の職業観、仕事観を把握するきっかけにもなるので得るものは大きい。気になる業界、企業、職種のインターンシップを見つけたら積極的に応募・参加してみよう。

応募方法は企業のホームページや就職関連サイト、インターンシップを仲介してくれる団体、大学の就職課などで告知されるのが一般的だ。募集期間は一律ではないので、気になる企業の情報は見逃さないように常にチェックしておこう。

◀◀◀②目的意識をもって参加しよう▶▶▶

インターンシップには大きく分けて「実践型」と「研修型」の2種類がある。「実践型」は実際の社員同様、戦力として仕事をする。一方「研修型」は、企業側から提示されたカリキュラムに添って課題を解決したり、職場見学などを行いながら会社のしくみを理解していくパターンが多い。内容は企業ごとにまったく異なるので、参加するプログラムによって得られるものも違ってくる。

2025年春入社の新卒採用（2023年度の学部3年生）を対象としたインターンシップからは、経団連と大学による産学協議会の報告書を踏まえた制度改正が適用されているので、P194以降の最新採用動向をチェックしておこう。

3 いざ、企業にアプローチ

下準備が完了したら、次はいよいよ企業にアプローチする。エントリーや会社説明会への参加のそれぞれが、企業に自分の意欲をアピールする機会だということを忘れずに。何事も最初が肝心だ。

資料請求・エントリー

①気になる企業には資料請求を

興味を抱いた企業については、もっと詳しい情報を得るために、メールなどで資料請求をしてみよう。気になる企業のホームページは常にチェックし、ていねいに読み、資料請求やエントリーが解禁になったら、即申し込むこと。

メールで請求する場合は、指定されたアドレスに送信するようにしよう。

■資料請求メール例

資料請求のお願い

○○株式会社
人事部 御中

突然のメール失礼致します。
○○大学３年の山田太郎と申します。
私は現在、就職活動をしており、貴社の事業内容に強い関心をもっております。
貴社のホームページを拝見し、資料請求にはメールでお願いすると知りました。
つきましては、会社案内などがございましたら、一部ご送付いただきたくメールをお送りいたしました。
ご多用のところ誠に恐縮ですが、何卒よろしくお願い申し上げます。

20△△年○月○日

○○大学○○学部○○学科
山田太郎（やまだ・たろう）
〒101-○○○○
東京都○○区○○町1丁目2番3号
携帯番号　090-1234-567X
e-mail　yamada@△△△△

件名は迷惑メールなどと間違われないよう、資料請求だと記入する

「株式会社」は略さず社名の前か後ろかを間違えないで書くこと

資料請求の要望を簡潔に書く

名前の読み方は（　）で表記する

メールアドレスは必ず入れておく

※業界、企業によってプロセスは異なる。上記はメールによる請求の参考例。

なるべく便利な方法でエントリーしよう

アプローチ1．就職関連サイトから

資料請求・エントリーしたい企業が掲載されていたら、資料請求画面にアクセスする。複数社に一括エントリーできたり、エントリーした企業のリストを管理してくれる機能もあるので便利。

アプローチ2．企業のホームページから

上記サイトに掲載されていない場合は、直接企業のホームページを見てみる。採用コーナーに資料請求フォームや問い合わせのためのメールアドレスがある場合はここから請求するといい。

アプローチ3．企業の人事部に問い合わせてみる

用意された請求方法が見つからない場合は、企業の人事部に電話をして、直接確かめてみる。失礼のないよう、言葉遣いに気をつけながら、用件を簡潔にまとめて質問すること。

②コメントで悩み過ぎてはダメ

資料請求やエントリーの際に「あなたのセールスポイントは？」や「ご意見・ご質問をどうぞ」といったスペースが設けられている場合がある。エントリーをし始める時期は自己分析が進んでいないことも多く、戸惑うかもしれない。だが文章を練るあまりエントリーが遅れるよりは、むしろ早く記入を済ませてしまうべきだ。エントリーは早めのほうが企業への熱意も伝わるし、早期の説明会に参加できる可能性も高くなる。

とはいえ、コメント欄を空白のまま提出しては「意欲がない」と思われてしまう。エントリーは「私は貴社に興味があります」との意思表示なので、コメント欄は必ず記入すること。この段階では自己分析が未完成でもいい。その時点で自分なりに考え、簡単にまとめたものを記入しておけばいいだろう。

また、「語り尽くせない」と表現する人もいるが、これは逆効果。相手企業に対する興味・関心を示すためにも、できる範囲で自分の考えを言葉にまとめておくようにしよう。

会社説明会

◀◀◀①企業の真の姿を感じ取る場▶▶▶

企業が学生に向けて事業内容や選考スケジュールについて説明し、採用担当者と初めて話せる機会が会社説明会。企業情報の入手のほか、業界研究や企業研究で自分が抱いたイメージと現実のすり合わせ、疑問点の解消など、会社説明会に参加しないとわからないことは多い。最近では選考を兼ねる企業も増えており、就職活動では絶対に欠かせないステップだ。企業の真の姿を感じ取り、次の段階に進むためにも、少しでも興味のある企業の説明会には必ず参加しよう。

説明会は多くの企業が事前予約制となっていて、主に企業のホームページなどから申し込む。形式によって定員があり、申込みが遅れると定員オーバーで参加できないこともあるので予約は早めに済ますこと。開催時期は企業によってばらつきがあるが、企業の広報活動が解禁される３月頃にピークに達する。

◀◀◀②単独と合同の２種類ある▶▶▶

会社説明会は、企業が単独で実施する個別説明会と、自治体や就職情報会社の主催で複数の企業が集まる合同説明会に大別される。個別説明会は１つの企業についてじっくり情報収集できるし、合同説明会は一度にたくさんの企業と接することができる。それぞれの特徴を活かして、効率よく情報収集しよう。なお、会場型とオンライン型のいずれか、または両方の形式で開催されるケースがある。

会社説明会の種類

●個別説明会

企業独自のプログラムで実施されるので、その会社の社風や新卒採用にかける意気込みがわかる。質疑応答やOB・OG懇談会を実施する場合もあるので、事前研究や当日の発表で疑問に思ったことはメモしておこう。説明会後、筆記試験や面接試験を行う企業もあるので、必ず事前に当日のプログラムを確認し、万全の準備をして臨むこと。エントリーシートで選別し、通過者だけを呼ぶ企業もある。

●合同説明会

広い会場内やオンライン上に企業が個別のブースを設けていて、多くの企業を効率的に回ることができる。中小企業やベンチャー企業の参加が多いのが特徴。志望企業のブースだけでなく、他の企業も積極的に回って採用担当者と話をしてみよう。ブースに入るだけでも面接の練習になる。視野が広がり、意外な優良企業を発見できることもある。

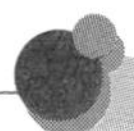

個別説明会の流れ

受付

会場型の場合、当日は早めに家を出て、遅くとも定刻の10分前までには到着する。受付での態度をチェックする企業もあるので、礼儀正しく振る舞う。

プロフィールカードの記入

指定の用紙に大学名や志望動機などを記入する。面接の資料になるのでていねいに書こう。ほかに応募している企業の名前を書く場合もある。

会社の説明

事業内容や仕事内容などについて説明される。映像資料が使われることが多いが、クイズやゲーム形式をとる企業もある。重要点や疑問点はメモを取っておくこと。最後に質疑応答やOB・OG懇親会がある場合は、積極的に質問しよう。

※選考を実施しない場合はここで終了。

筆記試験

面接試験の前に行われるのが一般的。市販の対策本で予習をしておけば、傾向をつかむことができる。

●プロフィールカードの例

ふりがな 氏名	生年月日 年　月　日生 満　歳
現住所〒　電話番号 メールアドレス	
学校 大学　学部　学科　専攻	
サークル　ゼミ　特技	
志望動機・自己PR	
当社でやってみたいこと	
当社への感想、質問など	
他社への応募状況	

面接試験

志望動機や自己PRをどのように話すか事前に考えておく。第一志望について聞かれたら、まだ決めていなくてもその企業に前向きな返答をしよう。志望度合を見極めるために、業務内容について意見を求められることもある。

予約

次回の選考の予約をする。会社説明会でこの予約をしないと、次の選考を受けられない企業もある。説明会に参加して興味をもったら必ず済ませておく。

※あくまでもモデルケース。内容は企業によって異なる。

◀◀◀③事前準備は忘れずに▶▶▶

説明会に参加するときは、その企業や業界について事前に十分な準備・予習をしておくこと。企業のパンフレットやホームページで基本データ（事業内容・資本金・売上高など）を押さえておくのはもちろんのこと、業界の動向や問題点を調査しておけば説明会の内容がよりスムーズに理解でき、疑問点も明確になる。

当日はプロフィールカードやエントリーシートの記入があるかもしれないので、志望動機や自己PRを控えたものも必要だし、大学が発行する証明書類が必要なこともある。さらに選考も兼ねる説明会の場合は、筆記試験対策や面接試験対策も不可欠だ。ここで対策を怠れば、当然ながら次のステップには進めない。

説明会だからといって「ただ参加すればいい」程度の気持ちでいると、直前になって焦ることに。あくまでも選考される心構えで臨もう。

下準備のポイント

●業界や企業についての基本情報を押さえておく
（不明点や疑問点があれば書き留めておく）

●志望動機や自己PRの控えを持参する
（就職活動ノートや履歴書は常に持ち歩く）

●筆記試験・面接試験対策をしておく
（選考があるかどうかは事前にチェック）

●次に入れる予定は余裕をもって組む
（長引くことを想定して予定終了時刻＋１時間はみておく）

●大学発行の証明書を用意しておく
（申請から発行まで時間がかかる場合もあるので注意）

●スケジュール帳は忘れずに
（次回選考の予約をする場合に必要）

●自己紹介・情報交換用の名刺を作っておく
（企業の担当者とのやりとりや、会場で仲間をつくるときに便利）

当日に面接試験が行われるか否かにかかわらず、説明会には好感をもたれる服装で臨む必要がある。書類やノートなどの準備が済んだら、次はスーツやシャツにしわやほつれがないかの身だしなみのチェックをしよう。結構めだつのが足元。靴の手入れもきっちりと前日の夜までに終えておこう。

◀◀◀④企業の本質を見抜くヒントがたくさん▶▶▶

説明会には企業の個性がはっきりと表れる。当日はその一つひとつをチェックし、自分にふさわしい会社かどうかを見極めよう。

まずは受付や採用担当者の様子をチェックする。相手が学生だからと緊張感のない対応をするようでは、社員のモチベーションが下がっている証拠だ。逆に気持ちのよい挨拶でテキパキと対応してくれたら、人を大切にする精神が浸透した明るい社風だと判断できる。

会社説明のプログラムには、その会社が新卒採用にどれだけ注力しているかが表れる。クイズや座談会などを盛り込んで学生を飽きさせないように工夫している企業がある一方で、事業内容を延々と読み上げるだけの企業も多い。あまりにもやる気が感じられない場合は、たとえ入社できたとしても先行きが不安だ。

ほかにも、仕事内容や事業計画について具体的な説明がなければ、社員が会社の現状や方向性を理解していないと判断できるし、質問に対する採用担当者の答えが的外れなら、社員にプロ意識が欠けていると想像できる。会社説明会には、その会社の本質を見抜くヒントが無数にある。アンテナを張って臨もう。

◀◀◀⑤仲間をつくろう▶▶▶

会場型の場合、同じ業界や企業を志望している学生がたくさん集まる。共通項が多いはずなので、知り合いになれば何かと心強い。できる範囲で友達をつくるようにしよう。同じ目的をもった者同士、大学の壁を越えてすぐに仲良くなれるはずだ。掲示板やSNSと違い、お互いの顔がわかったことで、その後の情報交換もスムーズになる。

仲間づくりに便利なのが名刺。活動中は名前・大学名・電話番号・メールアドレスなどを書いた名刺を持ち歩いていれば、セミナーや選考会場で手短に自己紹介できる。就職活動のツールとして作成しておいても損はないだろう。

エントリーシート

◀◀◀①志望度の高さをアピールする書類▶▶▶

企業の採用試験を受けるとき、応募書類として提出するのがエントリーシートだ。履歴書の代わりとして一般的に活用されている。このシートで1次選考を行う企業もあるし、面接時の資料としても使われる。企業各社が独自のフォーマットで作成しているので、就職活動のマニュアルは通用せず、記入にはかなりの労力が必要だ。これはエントリーシートを通じた一定のハードルを設けることで、志望度が高い学生をしぼり込みたい企業の思惑の表れといえる。

フォーマットは様々だが、記入には少なくとも30分、慣れないうちは数時間かかる。複数社のシート提出が重なるととてもたいへんなので、エントリーシートは早めに入手し、入手から1週間以内をめどに提出するようにしよう。

◀◀◀②インターネットでの入手が主流▶▶▶

エントリーシートの入手パターンには、主に2つの種類がある。インターネットを使う場合と、セミナー会場で配付される場合だ。

最近はインターネットによる入手が主流だが、その方法も「ホームページ上のフォームに直接入力する」「フォーマットをプリントアウトする」「ネット上でエントリーすると送付されてくる」など様々。志望企業のエントリーシートの入手方法は必ずチェックし、入手しそびれないようにしよう。

エントリーシートの入手から提出まで

インターネット
- ・ホームページ上のフォーマット→フォームに入力→送信
  - →プリントアウト→記入→郵送
- ・ネット上でエントリー→企業から送付されてくる→記入→郵送

会場
- ・セミナーや会社説明会に参加→会場で配付→後日記入→郵送
  - →当日記入→会場で提出

③志望動機と自己PRが中心

企業がエントリーシートで知りたいのは、応募者が「どんな人間か」「なぜ自社を選んだのか」「社会人として何ができるか」だ。それを探るための質問項目は企業によって異なるが、基本となるのは「志望動機」と「自己PR」。自己分析や業界・企業研究をきちんと行い、説得力のある志望動機と自己PRを考えておかなければ、採用につながるエントリーシートを書くことはできない。

「あなたの強みは何ですか」「学生時代に力を入れたことは」「当社で何をやりたいですか」など、エントリーシートにはどの会社でもよく聞かれる定番質問がある。一方で「あなたを自由に表現してください」などの自由度の高い変化球も少なくない。どんな質問に対しても最終的には志望動機や自己PRにつなげて「私は貴社に入社したい」とアピールすることが重要だ。

なお、エントリーシートの質問の中に、本籍地や両親の職業など不適切と思われる項目を見つけた場合は、大学の就職課などに相談するようにしよう。

エントリーシートでよく聞かれる質問

●志望動機につながる質問

なぜ当社を志望したのですか／当社のどの事業に興味がありますか／当社でどんな仕事をしたいですか／あなたのどんな能力が当社で活かせますか／仕事を通じて何を実現したいですか／10年後の自分をイメージしてください

●自己PRにつながる質問

学生時代に打ち込んだことを教えてください／ゼミ・研究室などの研究テーマと内容を教えてください／あなたのセールスポイントは／長所・短所を教えてください／あなたのこだわりは何ですか／今まででもっとも困難だった経験を教えてください／あなたを自由に表現してください

◀◀◀④読む気にさせるレイアウトを▶▶▶

企業の採用担当者のもとには、毎日膨大な数のエントリーシートが届く。それらすべてをじっくり読んでくれるとは限らない。苦労して記入・入力した志望動機や自己PRを読んでもらうためには、たくさんのシートの中でも採用担当者の目に留まるようなちょっとした工夫が必要だ。

その工夫とは、ずばりシートの「見た目」。文章のレイアウトも重要なファクターであることを忘れないようにしよう。

記入・入力スペースが多いエントリーシートの場合は、キャッチコピーや小見出しをつけるだけでも変化が出る。文章はダラダラとつなげるより、適度に改行し、部分的に箇条書きにしたほうが見やすいだろう。スペースが少ない場合でも、タイトルやキーワードとなる言葉を入れたほうが見やすい。シート全体に目を通さなくても、見出しやキーワードから「もっと知りたい」と思ってもらえるようにしよう。

そのためには、やはり下書きが必要だ。紙のシートの場合は、必ず記入前にコピーを取り、下書きをしてみる。文字の大きさ・分量・行間など、レイアウトが見やすいかどうかをチェックして再調整する。熱意をアピールしようと思うあまり、小さい文字でぎっしり書くのは逆効果だ。

入力する場合やメールの場合は、1行を30字程度の文字数にし、段落ごとに1行空けておくと読みやすくなる。改行がなくぎっしり入力された状態ではプリントアウトしても読みづらく、読み手への配慮が足りないと判断されてしまう。

◀◀◀⑤志望動機は「やりたいこと」を前面に▶▶▶

志望動機はエントリーシートの要だ。「なぜその会社なのか」「入社後に何をしたいか」を明確に伝え、人事担当者に自分の志望度の高さをアピールする。具体的な経験にもとづいたオリジナリティのある志望動機を書くことができれば、人事担当者は「直接、話を聞いてみたい」と思うはずだ。

志望動機を書くときに重要なのは、「企業」よりも「仕事＝やりたいこと」を前面に出すこと。「自分がやりたいことを考えていく過程で、それが実現できそうな業界・企業を探していったら貴社にたどり着いた」といった流れにできればベストな志望動機になる。

また、業界の志望理由だけで終わってしまわないようにも注意する。企業側は「同業他社ではなくなぜ当社なのか」を知りたがっているからだ。応募企業と他社との違いを明確にし、どのような点に魅力を感じたのかを書くようにしよう。

エントリーシートの一例

写真	フリガナ	
	氏名	
	生年月日	

フリガナ 現住所	〒
電話番号	（　）
メールアドレス	
特技	
資格・検定	

あなたの希望する職種に○をつけ

研究開発・商品設計・生産技術・
海外営業サポート・経営企画・事
広報宣伝・購買

当社を志望した理由および当社で何をしたいのかを教えてください

学生時代に、あなたがもっとも力を入れたことについて教えてください

あなたが考える自分の強みについて例を挙げて教えてください

10年後のあなたをイメージしてください

⑥志望動機は自分だけの「なぜ？」を書く

アピール度の高い志望動機を書くには「なぜこの業界に興味をもったのか」「なぜこの会社が好きなのか」「なぜこの職種を選択したのか」など、「なぜ？」の視点が重要だ。他の学生と似通った説明にしないためには、自分が経験した具体的エピソードを盛り込んで書かなければならない。

オリジナリティのある志望動機を書くために、新たにOB・OG訪問をするのもおすすめだ。また、その会社の商品・サービスを利用したり、店舗見学をたりして、感じた印象を盛り込むと志望度の高さがアピールできる。企業のホームページや会社案内を参考にするのは構わないが、くれぐれもそこにあるコピーやキャッチフレーズをそのまま使わないこと。ありがちな言葉や抽象的な説明では人事担当者の心に響かない。その企業を本気で志望しているなら、その企業を選んだ自分だけの具体的な理由があるはずだ。志望動機はオリジナリティで勝負しよう。

◀◀◀⑦自己PRは具体的エピソードで説明▶▶▶

自己PRで重要なのは「具体性」だ。自分の魅力を見ず知らずの人間にわかってもらうには、経験にもとづいたエピソードを引用しなければ説得力が出ない。「粘り強い」「責任感がある」「協調性がある」など抽象的な言葉の羅列では誰もが書ける文章になってしまい、読み手はあなたの人物像をイメージできない。

題材は何でもいい。サークル・アルバイト・ゼミなど過去の体験をもとに、自分が「どんな経験をして、そこから何を学んだか」を伝える。「サークル活動で粘り強さを身につけた」だけではアピール不足だ。粘り強さを身につけたプロセスや、それを証明する具体的エピソードまで掘り下げれば人間性が浮き彫りになる。そして最後に「学んだことを仕事にどう活かせるのか」まで落とし込むことができれば、採用担当者は「この学生と話してみたい」と思うはずだ。

自己PRでは、長所などのアピールポイントは1つ、多くても2つまでにしておく。自分のよさを伝えようといくつも羅列すると焦点がぼやけてしまう。エントリーシートですべてを言い尽くす必要はない。ポイントをしぼって書こう。

自己PR作成の手順

❶「これだけは負けない」自分の長所・売り・能力を選ぶ

例）粘り強い

❷ 長所をアピールできる経験談をセレクトする

例）独学でテレビ英会話を３年間続けた。

❸「プロセス」とそこから「学んだこと」を強調

例）オンラインで海外の学生と知り合ったのがきっかけ。番組は録画して毎日欠かさず30分勉強を続けた。その結果、円滑にコミュニケーションを図れるようになり、TOEIC®L＆Rテストのスコア700点の目標もクリア。地道に続ければ必ず結果が出ることを学び、自信につながった。

❹ 仕事に活かせることをアピールする

例）この粘り強さを活かし、営業スタッフとして目標達成に向けて努力していきたい。顧客との信頼関係の構築にも時間をかけてじっくり取り組みたい。

⑧業界・職種独自の質問もある

エントリーシートでは、企業によっては業界独自の質問をしてくることもある。どれだけ真剣に業界研究をしているかを見極めるためだ。具体例を挙げると「最近の新聞・雑誌などで印象に残ったこと」(マスコミ)、「自分でツアーを企画するならどんなツアーか」(旅行)、「商社が生き残っていくためには何をすべきか」(商社)、「合併までの間に何をすべきか」(金融)、「あなたならどんな店舗づくりをめざすか」(流通)といった内容。どれも十分な業界研究を行い、業界の動向やトレンドを把握していなければ答えるのは難しい質問ばかりだ。

また、職種別採用を実施している企業などでは、希望職種に関連した質問が出ることがある。「サービスで競合他社と差別化を図るためには何が必要か」(サービス技術)、「21世紀を勝ち抜くための人事政策は」(人事)、「国際ビジネスを行う企業はどんな点に注意すべきか」(法務)、「海外営業に必要な資質・スキルは何か」(海外営業)といった内容でかなり高度な質問だ。こちらは十分な職種研究をしていないと答えられないだろう。

業界や職種の中身については、学生より企業側のほうが熟知しているのは当然のこと。企業が知りたいのは、その業界・職種をどうとらえているかということだ。問われるのは、知識よりも学生としての視点やアイデア。プロを相手に知ったかぶりは逆効果だ。十分な業界・職種研究をした上で、後は自分の立場から自由に意見やアイデアを書いていこう。

◀◀◀⑨電話１本かけるにも準備が必要▶▶▶

活動中は、企業の採用担当者やOB・OGと電話でやりとりすることも少なくない。電話はしたものの、聞きたいことが聞けなかったり、相手に不快感を与えてしまわないように、社会人としての電話のマナーをきちんと身につけておこう。

電話で気をつけること

●電話をかける時間帯

月曜日や休日の翌日、１日のうちでは始業時・終業時は慌ただしいので、電話をかけるなら火～金曜日、時間は昼休みを除く午前10時～午後４時くらいが適当。

●用件をまとめておく

相手は仕事中なので、できるだけ簡潔に済ませられるように、電話をかける前に問い合わせる内容・確認事項などを書き出しておく。

●筆記具を準備しておく

話の内容を書き留め、スケジュールを確認しながら話せるようにメモ用紙やスケジュール帳を準備しておく。面接日などの重要事項は復唱して確認すること。

●相手の所属部署まで確認

電話をかける担当者は、氏名だけでなく所属部署まで確認しておくこと。大企業の場合、名前だけでは取り次いでもらうまでに時間がかかることもある。

●自分から名乗る

必ず自分から大学名・学部名・氏名を名乗ること。電話が回された場合もそのつど名乗るようにする。「お忙しいところ失礼いたします」の一言も忘れずに。

●電話を切るタイミング

相手は目上の人なので、相手が電話を切ったのを確認してから通話を終えること。最後に「お忙しいところありがとうございました」の一言も忘れずに。

●かけ直しは自分から

担当者が不在もしくは忙しそうな雰囲気のときは、自分から再度かけ直すと申し出る。くれぐれも相手から電話をもらうように頼んだりしないこと。

●外出先からの電話

スマートフォンからかける場合、騒がしい場所や雑音の入りやすい場所は避け、発信者情報を表示してかけるようにする。

●留守番電話の設定

応答メッセージはまじめなものに変えておく。

⑩礼状を書いて自分を印象づける

心を込めて書いた手紙は、自分を印象づけるチャンスにもなる。OB・OG訪問の後などは、こまめに礼状を出して感謝の意を伝えよう。手紙には決まりごとがたくさんある。基本事項を押さえながら、印象に残る手紙を書こう。

4 山あれば谷ありの就職戦線

企業の選考が本格的に始まってからは、筆記試験や面接試験が連日実施され、まさに緊張の連続。慣れないうちは失敗もあるだろう。失敗をそのままにせず次に活かすことが、最終的な成功の秘訣だ。

◀◀◀①応募者をしぼり込むための筆記試験▶▶▶

筆記試験には一般常識、適性検査、論作文などがある。応募者をしぼり込むために実施され、筆記試験で落ちてしまうと面接試験に進めないこともあるので油断は禁物。一夜漬けではとても追いつかないので、早めの対策が必要だ。

内容は、基本的な知識・能力がどの程度かを判断するためのものが中心。ほとんどの企業が市販の問題を使用しているので、対策本を数冊購入して日頃から目を通しておくようにしよう。時事問題に対応するため、新聞を読むことも重要な筆記試験対策の１つだ。

論作文は文章を書くことに慣れていないと難しい。とにかく書き慣れること。普段から自分の考えや価値観を文章にする習慣をつけておくことが大切だ。

筆記試験の種類

●一般常識

国語・数学・英語・社会といった教科、時事問題など幅広い範囲から出題される。業界によって出題傾向が異なり、たとえば旅行なら地理、マスコミなら発想力など、業界独自の問題が出題されることもある。

●適性検査

「能力検査」と「性格検査」に分かれ、単独で実施されることもある。能力検査は国語能力と数的能力における基礎学力を、性格検査は思考タイプや社交性をチェックする。代表的なのがSPI3で、多くの企業で導入されている。

●論作文

企業がテーマを出して書かせるものが多く、800字から1000字程度が一般的。テーマは「○○業界の将来」といった業界に関するものから、「言葉」や「心」など、抽象的なものまで様々。時間配分が難しい。

②一般常識は繰り返し勉強すること

一般常識の問題は、何の対策も立てずに受けると失敗しがちなので、市販の対策本で繰り返し勉強しておくのがベスト。時事問題に関しては、新聞を読んだりニュースを見るなどして常に世の中の流れをつかんでおく。企業独自、業界独自の問題に対しては、出題傾向を市販の業界研究本やインターネットなどで調べて対策を立てよう。会社から送られてきた資料やホームページなどにもよく目を通しておくこと。

③能力検査は解ける問題から解く

能力検査は国語能力をはかる「言語的」テストと、数的能力をはかる「非言語的」テストの２部で構成されている。

「言語的」テストでは言葉の理解力や読解力を、「非言語的」テストでは論理的思考力や分析力が試される。問題は落ち着いて取り組めば決して難しくはないが、問題数に対して時間が短く、解ける問題からどんどん解いていくのがコツ。問題集などが多種発行されているので、自分に合った本を探し、練習を重ねれば焦らずに済む。多くの企業の能力検査を受けて、答えられなかった問題はその日のうちに理解しておけば、回を重ねるごとに正解率や解くスピードがアップしていくはずだ。

テストの例

●言語的テスト

●次の言葉と同じ意味か、反対の意味になる言葉をA～Eから１つ選びなさい。
『巧妙』
A 慎重　B 神妙　C 拙劣　D 巧技　E 劣化　〈答えC〉

●次の文と同じ意味か、反対の意味になる言葉をA～Eから１つ選びなさい。
『優れた意見や見識』
A 卓見　B 優秀　C 卓越　D 超越　E 優良　〈答えA〉

●非言語的テスト

●原価1,800円の花瓶を定価の１割引きで売って、原価の１割の利益が出た。定価はいくらか。
A 2,000円　B 2,200円　C 2,400円　D 2,600円　E 2,800円　F 3,000円
〈答えB〉

◀◀◀④性格検査は素直に答えよう▶▶▶

性格検査は日頃の行動様式などについてイエス・ノーで答えていくアンケート形式となっている。その人が職場でどのような人間関係・協力関係を築くことができるかを知るためのものだが、答えに正解はないので思ったままに答えていくこと。問題は複雑な要素で構成されているので、自分をよく見せようとして意識的に回答を操作しても、診断結果には本心で答えていないことがちゃんと表れるようになっている。素直に答えるのがいちばんだ。

◀◀◀⑤論作文は日頃の訓練がものをいう▶▶▶

試験に論作文を取り入れる企業は少なくない。評価ポイントは文章力、論理性、物事の考え方など、企業によって様々だ。

対策は、とにかく文章を書くのに慣れること。過去の問題集などを参考に、与えられたテーマに沿って自分の考えを制限時間内でまとめられるように日頃から訓練しておこう。文章の組み立てを意識して本や新聞を読むのも効果的。書いた文章は家族や先輩、友人などの第三者に添削してもらうといい。

論作文

●論作文の書き方

❶話の流れを考える

テーマをもとに、どんな材料を取り上げどんな結論に導くかを決める。起承転結をイメージし、それぞれに材料を振り分けて文章全体の流れをつくる。流れは余白などにメモしておけば頭の中を整理しやすく、実際に書くときのガイドになる。

❷実際に書く

考えた流れに沿って材料を組み立てながら書いていく。本文の割合は「起」と「結」で2割、「承」と「転」で8割程度が適当。自分の考えをきちんと書くこと。

❸見直しする

流れに矛盾がないか、文体は統一されているかをチェック。誤字・脱字に注意。

●論作文のテーマ例

・自分に関するテーマ「10年後の私」「私の学生生活」「私にとって大切なもの」
・社会問題に関するテーマ「少子高齢化」「最近気になるニュース」「脱炭素化」
・抽象的なテーマ「空気」「三題噺」「心」「豊かさ・楽しさ」

⑥面接試験では自分をプレゼンテーションする

面接試験は、エントリーシートや筆記試験では伝え切れなかった自分をプレゼンテーションする場。まさに就職活動のメインイベントだ。生の自分をさらけ出すことになるため、マニュアル通りの受け答えは通用しない。これまで積み重ねてきた自己分析や業界・企業研究の成果を発揮し、自分をうまく売り込んで内定をゲットしよう。

面接試験には個人面接、集団面接、グループディスカッション、グループワーク、ディベート、プレゼンテーションなど様々な形式があり、オンライン面接（Web面接）も一般的になった。通常１つの企業の選考で数回の面接が行われるので、いろいろなパターンを体験することになる。

⑦表情や雰囲気も重要な評価ポイント

面接試験の評価基準は２つ。話す内容（志望動機や自己PRなど）と表現の仕方（表情や雰囲気など）だ。面接官はこれらを総合的に判断し、合否を決める。

面接対策では話す内容ばかりに気を取られがちだが、実は話し方もとても重要。志望動機や自己PRが完璧に言えても、態度や立ち居振る舞い、言葉遣いが悪ければマイナス評価になるので細心の注意を払おう。

ポイントは「礼儀正しく」「明るく」「元気よく」「堂々と」振る舞うこと。特にホテルや小売などの接客業はかなり厳しくチェックされるので気をつけたい。言葉遣いは、敬語を意識し過ぎて不自然になってもいけない。ふだんから目上の人と話す機会を設け、自然に話せるよう練習しておこう。

面接試験の種類

●個人面接

学生１人に対し採用担当者１人の形式と、学生１人に対し採用担当者複数が対する形式がある。どちらも比較的自分のペースで意見を述べることができ、自分を売り込みやすい。後者の形式では、１人の担当者と話している間に、他の担当者が話し方や態度をチェックしている。

●集団面接

３～５人の学生を同時に面接する形式。選考の初期段階に行われることが多い。短い自分の持ち時間の中で、いかに自分をアピールするかが重要。ただし、めだとうとして場の雰囲気を壊したらダメ。他の学生の話もしっかり聞く姿勢が大切だ。

●グループディスカッション

与えられたテーマについて学生同士で議論する形式。30～45分程度で１つの結論を導く。司会進行も学生に任される。議論に勝つかどうかではなく、協調性やコミュニケーション力が見られる。

●グループワーク

集団で課題に取り組み、解決させる形式。単なる話し合いではなく、成果を出すことを求められる。課題は新商品の企画立案、販売戦略の構築など。実際の仕事に近い状況に学生を置き、ビジネスセンスを見ようとする目的がある。

●ディベート

学生を２グループに分け、あるテーマについて賛成の立場、反対の立場に振り分け、議論させる形式。途中、賛成と反対の立場を入れ替えることもある。学生の考え方、ビジネス適応能力を見る上で効果的とされている。

●プレゼンテーション

与えられたテーマに沿って学生が自分のアイデアを売り込む形式。発想力、表現力、構成力などが総合的に評価される。テーマは「新商品を提案してください」「自分を売り込んでください」など。オリジナリティとわかりやすさが重要。

⑧場数を踏んで雰囲気に慣れる

面接試験は誰でも緊張するもの。その対策としていちばん効果的なのは、場数を踏んで慣れることだ。何度も面接を受けていくうちに、だんだん落ち着いて受け答えができるようになる。そのため、第一志望の面接を最初に受けるのはおすすめしない。まずは早くから動く業界の企業を受け、少しずつ面接慣れしていくといいだろう。面接の傾向や採用担当者との会話のやりとりなどは、実際に体験してみないと身につかない。失敗を恐れずどんどん面接を受けて、十分場数を踏んでから第一志望の面接に臨むようにしよう。

もう1つ、面接対策として有効なのが模擬面接だ。友人、家族、就職課の人に相手になってもらい、面接のシミュレーションをしてみよう。マナー面から、話し方や質問に対する受け答えまで厳しくチェックしてもらい、指摘された部分は速やかに改善していく。シミュレーションを繰り返すことで面接の雰囲気にも慣れ、受け答えもレベルアップしていくはずだ。

模擬面接ができないときは、自分でイメージトレーニングをしてみる。志望動機や自己PRを頭の中だけで考えていても、いざ本番で声に出そうとするとなかなかうまくいかないもの。実際に声に出して話してみることで、本番ではよりスムーズな受け答えができるようになる。面接官と学生の会話を1人2役で声に出して演じてみて、声の抑揚や回答の長さなどを自分でチェックしてみよう。

こぼれ話

オンライン面接（Web面接）の注意点

コロナ禍以降、オンライン形式のセミナーや面接試験が定着した。採用側、受験側ともにメリットを享受し、慣れてきた感もある。ただ、パソコンやスマートフォン、タブレット越しに採用担当者と向き合うWeb面接には、独自の注意点がある。

まずは機器と、接続良好なインターネット環境の準備。落ち着いてWeb面接を受けるには自室が最適だといえるが、回線トラブルが多い場合は学内を利用できないか就職課やキャリアセンターなどに相談してみよう。また、めだちすぎない程度にヘッドホンやイヤホンを使用するのも一案だ。面接で使用するオンラインツールやアプリのアカウントを取得しておくのも、忘れないようにすること。

服装は緊張感を保つために、気持ちの切り替えも踏まえて、対面型と変わらない身だしなみで臨む。どんなに準備を万全にしていても、採用担当者のほうで接続不良が起きるケースもあるので、事前に緊急の連絡先（電話番号など）を確認しておこう。受け答えでは、「ゆっくり」「はっきり」話すことを意識すると効果的。

◀◀◀⑨準備は必要だがアドリブも大事▶▶▶

面接で聞かれることは、大別すると「志望動機」と「人物像」に関する質問に分かれる。エントリーシートに記載した志望動機や自己PRについて改めて聞かれることもあるし、選考が進むにつれて「入社後にしたい仕事は何か」や「休日の過ごし方を教えてください」など、より個人的な質問も増えてくる。徹底した自己分析と業界・企業研究をベースに自分の言葉で伝えることが肝心だ。

エントリーシートを書いた段階で、面接で聞かれる内容はだいたい予想がつくもの。予想される質問に対する答えを準備しておき、エントリーシートで伝え切れなかった部分を補足しつつ１分以内で答えられるように練習しておこう。

ただし、答えをセリフのように暗記して、棒読みしてはいけない。準備段階ではあくまでもポイントだけを整理しておき、残りは面接官の反応を見ながらアドリブで表現したほうが自然だし、好感をもたれる。途中で詰まったからといって、くれぐれも「もう一回最初からやり直します」などと言わないように。あくまでも面接官相手のライブだと肝に銘じておこう。

◀◀◀⑩他社状況を聞かれたら志望動機に一貫性を▶▶▶

面接で答えにくい質問の定番が「弊社が第一志望ですか」「ほかにどんな会社を受けていますか」というもの。正直に答えるべきか悩むところだ。

第一志望でなくても、選考の進み具合によってはやむを得ず「第一志望です」と答えるケースもあるだろう。ここで注意しなければいけないのは、説得力のある志望動機が言えるかどうか。たとえ第一志望でなくても、事前に十分な企業研究で他社との違いを把握しておかなければ面接官は納得してくれない。

ほかに受けている企業の名前は基本的に正直に伝えて構わないが、志望動機に一貫性がない場合や業界が多岐にわたっている場合は要注意だ。業界と志望動機、自己PRの内容に整合性がないと信頼を失ってしまう。

逆に、志望動機に自分なりの一貫性があり、説得力のある説明ができれば業界が複数でも問題ないだろう。

◀◀◀⑪複数内定で悩んだらOB・OG訪問を▶▶▶

幸運にも２社以上の会社から内定をもらい、迷った場合はもう一度OB・OG訪問をしてみよう。具体的な仕事内容、会社の将来性、社風、待遇面などについて、実際にその会社で働く社会人に徹底的にヒアリングをし、改めて比較検討してみる。そこで聞いた内容と自分のキャリアプランを重ね合わせて、より自分の理想に近い会社を選べばいい。このとき、くれぐれもOB・OGの人柄で選んでしまわないように。あくまでも「自分がその会社でやりたいこと、できること」を中心に考えながら、できるだけ多くのOB・OGと話して判断材料を集めよう。

◀◀◀⑫内定辞退は誠意をもって▶▶▶

内定辞退を決断したら、とにかく一刻も早く申し出る。辞退の手順としては、まず直接電話をして気持ちを伝えるのがベストだ。くれぐれもメール１通で済ますような無礼は慎むこと。電話をかけたときに了承がとれた場合でも、必ず手紙を書き、改めてお詫びの気持ちを伝える。

辞退を告げるとき、人事担当者から「辞退の理由」と「どの会社に入社するのか」を聞かれることがある。それは今後の採用戦略を練るための反省材料が欲しいからだ。自分を選んでくれた会社へのせめてもの恩返しとして、辞退理由は正直に、かつ具体的に告げるようにしよう。世間は狭いもの、営業先など、どこでまた縁があるかわからない。

◀◀◀⑬誓約書は慎重に提出する▶▶▶

内定が決まると、期日までに内定誓約書の提出を求められる場合がある。入社の意思表示のために提出するものだ。提出後にどうしても辞退せざるを得ないケースはともかく、安易な提出は絶対に避けること。

第一志望の企業の選考が残っていたり、まだ活動を継続したい場合は焦って提出したりせず、期限を延ばしてもらえないか人事担当者に相談してみるといいだろう。企業によっては数週間の猶予をくれるところも少なくない。ただし、これは企業によってケース・バイ・ケース。人事担当者の人柄を見極めた上で、慎重に判断するようにしたい。そして入社の意思が固まったら、１日も早く提出して就職活動にピリオドを打とう。

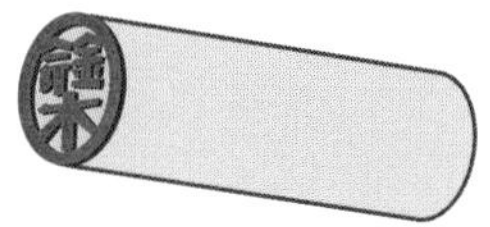

5 先輩たちの就職活動日記

長く苦しい就職戦線を先輩たちはどのように乗り切ったのだろう。どんな工夫と努力をして内定をつかんだのか。活動ペースの異なる内定者２人の日記から、苦労や悩み、成功のポイントを参考にしよう。

◀◀◀準備を早めに始めれば活動にゆとりも生まれる▶▶▶

●Aさん（私立大学工学部）

内定社（内々定社）数：３社
活動開始時期：３年生の６月
活動終了時期：４年生の７月
エントリー数：約90社
説明会参加数：30社
選考応募企業数：15社

●Bさん（私立大学商学部）

内定社（内々定社）数：1社
活動開始時期：３年生の３月
活動終了時期：４年生の８月
エントリー数：約300社
説明会参加数：45社
選考応募企業数：25社

Aさんの就職活動日記
『3年生の6月から活動スタート』きっちりタイプ

Bさんの就職活動日記
『春先から巻き返しを図った』のんびりタイプ

Aさん	月	Bさん
●大学の就職ガイダンスに参加して自己分析を開始する。昔の日記を読み返し、キーワードやエピソードをノートに書き出す。	6月	
●興味のある業界・企業をリストアップ。就職活動ノートも作る。●インターンシップに応募するも落選。	7月	●大学の就職ガイダンスに参加したが、今ひとつピンとこなかった。
●インターネットや書籍で積極的に情報収集。新聞記事はスクラップした。	8月	●友人がインターンシップに参加していても、アルバイトに明け暮れる日々。
●食品業界を中心に、各企業のホームページをチェック、比較検討。●SNSなどで他の大学の学生と知り合い、情報交換。●筆記試験の対策本を購入し、時間のあるときに読み進める。	9月〜11月	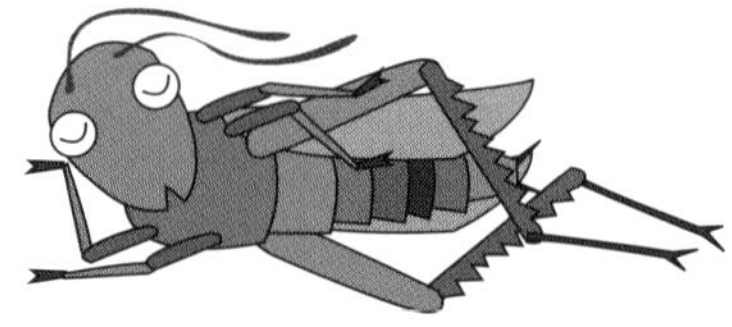

●就職活動用のスーツと靴を購入。結構な出費でキツかった。●志望業界、志望企業のOB・OG訪問を開始。多いときは週に4人の話を聞いた。	12月〜2月	●就職情報会社から情報誌が届く。軽く目を通したぐらいで特に企業研究はしなかった。
●就職関連サイトがオープン。企業の採用情報が公開され、各社へのエントリーを始める。合同企業説明会に参加。●志望企業にエントリーシートを提出。志望動機と自己PRを真剣に考える。●個別の会社説明会に参加し始める。1日3社に参加したときには、時間に追われて焦った。その後、説明会は多くても1日2社までと決めた。	3月〜4月	●就職活動を始める友人を見て、急に焦り出す。就職関連サイトに登録し、300社以上にエントリーや会社説明会予約などをする。●エントリーした企業が多過ぎたため、大量の連絡にパニック状態に陥る。エントリーシートの志望動機や自己PRを友人に教えてもらいながら書く。●インターネットや書籍で業界・企業研究を行う。学生同士で情報交換。
●IT系企業や中小企業の採用試験にチャレンジ。筆記試験で落とされることが多かったので、対策本を繰り返し読んだ。論作文が苦手だったので、自分でテーマを決めて実際に書く練習をした。●志望動機と自己PRを練り直した。面接試験対策として、就職課の先生や友人相手に模擬面接をしてもらった。	5月	●説明会で行われた筆記試験ができずに落ち込む。対策本を購入し、本格的に勉強を始める。●少しずつ自分のやりたいことや志望業界が見えてきた。興味がないのにエントリーしていた企業の説明会はキャンセルし、その分OB・OGに話を聞き、志望動機を固めていった。
●主要企業の採用試験が本格的にスタート。面接試験は、回を重ねるごとに慣れてきて、1次は通過できるようになる。企業によってはWebと対面の面接が両方実施された。	6月	●筆記試験はパスできるようになってきたが、面接試験（特に対面での面接）は苦手でなかなか次に進めない。●改めて自己分析をして、志望動機を練り直した。主要企業へのエントリーも開始。●友人に模擬面接をしてもらい、悪いところを指摘してもらった。
●上旬に2社から内々定をもらう。第一志望の選考が残っていたため活動は継続。●下旬に第一志望の企業から内々定が出る。上旬に内々定した企業には辞退を申し出て、就職活動を終了させる。	7月	●とうとう最後の1社に落ちて、持ち駒がゼロになる。●新たにエントリーした企業、2次募集中の企業の説明会に参加しながら情報収集する。
	8月	●ようやく自信をもって面接にも臨めるようになり、順調に選考が進むようになった。●第一志望の企業から内々定をもらう。残っていた企業の選考は辞退し、就職活動終了。●内々定者同士でSNSのグループを立ち上げ、交流を図った。

6 スケジュールチェックシート

就職活動では下準備も企業へのアプローチも早めに動くことが肝心。ここでは基本的な就職活動のスケジュールを紹介する。コピーをして、どの時期に何をすべきかをチェックしよう。

準備期

□自己分析を開始する

自分はどんな人間なのか、どんな仕事に向いているのか具体的に考えてみる。自分の強みやアピールポイントについては第三者にも意見を聞いてみよう。就職活動が終了するまで続けることが大事。

□就職ガイダンスに参加する

大学で開催される就職ガイダンスは、日程をチェックして必ず参加すること。就職活動の流れや心構えなどの説明がある。模擬面接をしてくれることもある。

□インターンシップに参加する

インターンシップを実施する企業は確実に増えている。気になる業界や企業のインターンシップ情報は常にチェックして、積極的に応募・参加してみよう。

□新聞を読む習慣を身につける

新聞を読んで社会の動きを把握する。慣れないうちは読むのに時間がかかるが、毎日続けていると読み方のポイントがつかめてくる。

□活動資金を貯める

スーツ代、交通費、通信費など就職活動にはお金がかかる。活動資金を自分で捻出したい人は、時間に余裕のある時期にアルバイトに励んでおこう。

□先輩の体験談を聞く

内定している先輩に就職活動について聞く。注意点や失敗談、今のうちにやっておくべきことなどについて詳しく尋ねる。先輩たちが卒論で忙しくなる前の時期がベストだ。

□業界研究をする

気になる業界の情報を収集。インターネットのほか、書店の就職書コーナーやビジネス書コーナーで関連する書籍を探してみよう。

□インターネットで企業を検索

自己分析や業界研究からやりたいことが見えてきたら、インターネットで企業のホームページをチェック。事業内容や財務データなどを調べてみよう。

□スーツを購入する

OB・OG訪問をする前に就職活動用のスーツを準備しておく。オーソドックスなタイプが無難。できれば夏物と秋冬物の2着を揃える。

□OB・OG訪問をする

気になる業界や企業のOB・OGにアポイントを取り、仕事内容や会社の様子について聞く。できるだけ多くのOB・OGと話し、業界と企業をしぼり込んでいく。

□就職活動ノートを作る

企業データや活動の記録をまとめられるノートを準備する。自分が使いやすいように工夫して、活動中は常に持ち歩く。フリースペースも多めに確保しておく。

エントリー期

□Web情報や就職情報誌をチェックする

就職情報会社から就職情報が届き始める時期。まずは全体に目を通してみて、自分がどんな会社や仕事に興味があるのかについて考えてみる。

□自分の足で情報収集する

店舗やショールームに足を運んだり、実際に商品を利用してみたりして利用者の立場で情報収集。店の雰囲気や社員の対応、商品の使用感などをチェックする。

□就職関連サイトに登録する

就職関連サイトが登録受付を開始したら、まずは登録しておくようにしよう。就職活動に関する記事やアドバイスも掲載されているので、時間を見つけてチェックしてみよう。

□企業にエントリーする

各企業ともインターネットからのエントリーが中心になっている。エントリーの時点ではあまりしぼり込まず、少しでも気になる企業には早めにアプローチしておく。

□企業から資料が届く

エントリーした企業から会社案内などの資料が届き始める。郵送の場合、選考スケジュールやエントリーシートが同封されている場合もあるのできちんと確認すること。

□新たに企業探しをしてみる

イメージだけで企業選びをしていないか、もう一度視野を広げて会社を探してみる。興味がもてる会社を見つけたら、すぐにエントリーして持ち駒を増やす。

□筆記試験対策を始める

一般常識や適性検査、論作文に関する対策本を購入し、時間のあるときに勉強しておく。忙しくなる前にスタートさせて、練習を重ねておこう。

□大学発行の証明書を用意する

卒業見込証明書や成績証明書は申請してから発行までに時間がかかる場合もあるので、早い時期に少し多めに用意しておく。

□**志望動機と自己PRを考える**
自己分析と業界・企業研究で自分のやりたいことが見えてきたら、志望動機と自己PRを考えてみる。活動中は何度も練り直すので、最初は不完全なものでも可。

□**エントリーシートを提出する**
仕上げるのにかなり時間がかかるので、いくつもため込むと大変だ。できるだけ1週間以内に提出するようにする。コピーやバックアップをとるのを忘れずに。

□**会社説明会に参加申込みをする**
先着順で締め切る場合もあるので、気になる企業の説明会情報はホームページなどで常にチェックし、早めに申し込んでおく。

内定ゲット期

□**会社説明会に参加する**
筆記試験や面接試験など、選考を兼ねる場合もあるのでプログラムは事前に確認しておくこと。会社の雰囲気もチェックし、自分に合うかどうかを見極める。

□**志望動機と自己PRを練り直す**
仕事の内容や会社の方向性、OB・OGの話などを参考に、志望動機と自己PRを練り直してみる。就職活動中は常に見直し、完成度の高いものに練り上げていく。

□**面接試験を受け始める**
場数を踏んで慣れることがいちばんの面接試験対策。失敗してもめげずに、反省点を次回に活かすようにする。模擬面接も効果的。オンライン面接（Web面接）のシミュレーションも忘れずに。

□**選考がピークに達する**
各社の会社説明会や面接試験などが重なりとても忙しい時期。志望企業の優先順位を明確にし、効率的に取り組めるようにきちんとスケジュール管理をする。

□持ち駒が減ってきても慌てない

選考が進むにつれて持ち駒が減ってくる。興味のもてそうな企業があれば新たにエントリーしていく。２次募集、通年採用の情報は毎日チェックする。

内定後確認期

□内定（内々定）が出始める

企業が内定（内々定）を出し始める時期。晴れて第一志望の企業から内定が出たら、就職活動は終了。企業によっては内定誓約書の提出を求められることもある。

□OB・OG訪問をする

複数の会社から内定をもらい迷ったときは、もう一度OB・OG訪問をしてみる。現場の声を参考に、自分のキャリアプランが実現できる会社はどこかを判断する。

□内定辞退をする

内定を辞退するときは、まずは電話をして気持ちを伝えるのが礼儀。自分を選んでくれた会社に対し、最後まできちんと誠意を尽くそう。

□内定者懇親会に参加する

内定者同士が顔合わせをする。ここで知り合った内定者同士でメールアドレスなどを交換し合うことも多い。作文などの宿題が出されることもある。

□２次募集のエントリー受付開始

２次募集を実施する企業がエントリー受付開始。まだ内定が出ていない場合は、こまめに情報収集して積極的にアプローチをしよう。

□アルバイトの申し出をする

内定した会社に、入社前にアルバイトをさせてもらえないかと申し出よう。職場の雰囲気に早く慣れれば、不安などもなくなる。また同期たちを一歩リードすることにもなる。

最新採用動向

最新の採用動向をチェック。様々な方向から研究し、今後の就職活動に備えましょう。

1 なおも早期化傾向は続く

2024年春入社の新卒採用は、企業による広報を３月以降、選考を６月以降に開始とする方針が示されてから８回目となった。企業の選考活動、学生の就職活動の動向を各種資料から見てみよう。

◀◀◀選考活動はさらに早期化、売り手市場続く▶▶▶

企業・学生双方の動向を、株式会社ディスコの「**2024年卒採用 内定動向調査／2025年卒採用計画**」（2023年10月）などの資料をもとに押さえてみたい。

まず企業側の動きを見ると、エントリー受付開始のピークは３月、面接開始は３月と４月に集中し、内定（内々定）出し開始は３～６月に分散している。2025年春入社の採用活動においても変わりはない見込みだ。ただ、ピークの山はいずれも高くなく、より早い時期に分散する傾向にある。たとえば、エントリー受付開始は１月以前が大幅に増え、10月以前にするところが15.4％（前年調査5.3％）もある。内定（内々定）出し開始についても、12月以前とした企業が11.9％（同5.6％）と**採用活動の前倒しが顕著**である。2024年卒採用において、調査時に「当初の予定通りに進行している」と答えた企業は29.8％（同31.0％）と３割を切っており、前倒しは企業側の焦慮の現れと見ることができる。

学生側の動きはどうか。端的に現れている数字として内定辞退者の増減がある。同調査で内定辞退の状況を前年度と比較してもらったところ、もっとも多いのは「変わらない」の43.9％だが、「かなり増えた（３割以上増）」が11.4％、「やや増えた(１～２割増)」が25.1％あり、合計で**36.5％の企業が内定辞退の増加を経験**している。「やや減った（１～２割減)」13.3％、「かなり減った（３割以上減)」6.4％の合計19.7％に対して２倍近い。複数の内定（内々定）を得た学生が、より希望に近い就職先を選択できる、売り手市場の傾向が強まっているようだ。

■政府による就職・採用活動に関する要請の内容（日程）

広報活動開始	卒業・修了年度に入る直前の３月１日以降
採用選考活動開始	卒業・修了年度の６月１日以降
正式な内定日	卒業・修了年度の10月１日以降

出所：「2024（令和６）年度卒業・修了予定者等の就職・採用活動に関する要請」内閣官房

企業の採用意欲は引き続き高水準

これらを踏まえ、これからの新卒採用市場がどう変わっていくのか改めて探ってみよう。同資料によると、**2025年卒**の大学生を対象とした新卒採用人数について、「**増える見込み**」と回答した企業は**21.7%**（前年調査22.0%）、「**今年度並みの見込み**」は**56.5%**（同61.7%）だった。対して「**減る見込み**」は**4.1%**（同4.9%）で、「増加」が「減少」を大きく上回る。企業の採用意欲は引き続き高水準で推移すると見ていいだろう。なお、「未定」も17.7%（同11.4%）あり、景気の動向や他社の動きなどを踏まえて判断していくであろう企業も少なくない。

学生側の不安要素と大変な思い

学生側の意識も見てみたい。「**キャリタス就活 学生モニター2025調査結果　9月後半時点の就職意識調査**」（株式会社ディスコ2023年10月）では、就職活動に不安を感じるかどうかを尋ね、経年で比較している。これによると、「とても不安」は３年連続で減少し、コロナ禍前よりも低い（44.0%）。それでも、「やや不安」と合わせると約９割で、**ほとんどの学生が不安を感じている**。

自由記述から具体的な不安を見ると、就活の早期化の中で後れをとっているの

■2025年卒者の採用人数見込み

増える見込み	今年度並みの見込み	減る見込み	未定
21.7%	56.5%	4.1%	17.7%

出所：「2024年卒採用 内定動向調査／2025年卒採用計画」株式会社ディスコ

■就職活動への不安

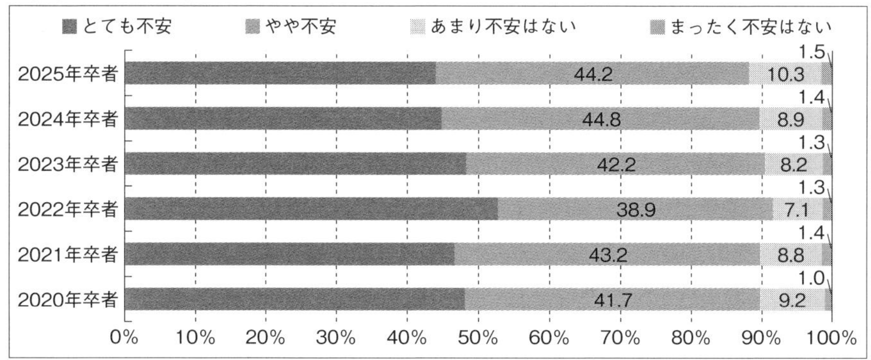

出所：「キャリタス就活 学生モニター2025調査結果　9月後半時点の就職意識調査」株式会社ディスコ

ではないか、自己分析など正しくできているのか、といった**就職活動の進め方についての不安**、内定が獲得できるのか、選択肢が多く自分のベストが見つけられるか、といった**就職活動そのものへの不安**があるようだ。

実際に就職活動をしてみての感想はどうか。**2024年卒の学生モニター調査**で、就職活動で大変だったこととしてトップに来ているのは（あてはまるものをすべて選ぶ形式）、「**エントリーシート**」で、約6割（59.0％）の学生が選んでいる。次いで「**自己分析**」55.1％、「**就職情報の収集**」53.7％、「**個人面接**」49.2％、「**モチベーションの維持**」47.5％と続く。選考の入り口のエントリーシートと自己分析に多大の力を注ぎ、個人面接までたどり着いてその対応に苦慮し、長い就職戦線でモチベーションの維持にも苦労する。そういう学生の姿が見えてくる。

◀◀◀企業は早期対策で内定者確保に注力▶▶▶

では、企業側がどういった点を重視して新卒採用に取り組もうとしているのかを見てみよう。先にも参考にした「**2024年卒採用 内定動向調査／2025年卒採用計画**」から、2025年卒の採用活動で注力しようとしているテーマをピックアップした。上位5番目までにランクされたのは「**インターンシップ等の実施・見直し**」53.8％、「**早期接触学生のフォロー**」51.3％、「**大学との関係強化**」50.9％、「**プレ**

■就職活動で大変だったこと

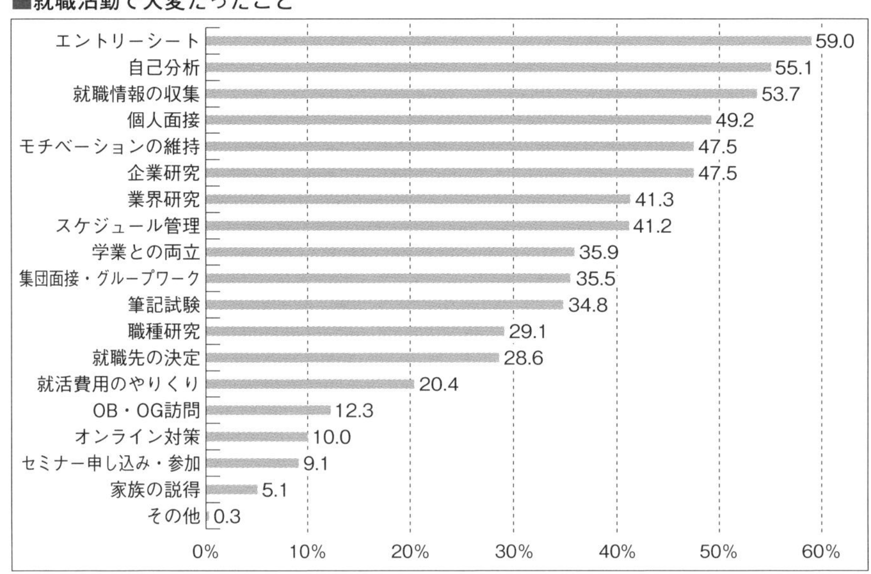

項目	%
エントリーシート	59.0
自己分析	55.1
就職情報の収集	53.7
個人面接	49.2
モチベーションの維持	47.5
企業研究	47.5
業界研究	41.3
スケジュール管理	41.2
学業との両立	35.9
集団面接・グループワーク	35.5
筆記試験	34.8
職種研究	29.1
就職先の決定	28.6
就活費用のやりくり	20.4
OB・OG訪問	12.3
オンライン対策	10.0
セミナー申し込み・参加	9.1
家族の説得	5.1
その他	0.3

出所：「キャリタス就活 2024学生モニター調査結果　10月1日時点の就職活動調査」株式会社ディスコ

期（採用広報活動解禁前）の活動」49.3%、「内定者フォロー」45.8%。早期対策に注力する方針の企業が多いことがわかる。

もう少し詳しく見てみよう。「インターンシップ等の実施・見直し」は、前年調査では48.0%で3番目だったものが今回トップに来た。新定義が適用されるタイミングであり、実施内容の見直しを行う企業が多いと思われる。「早期接触学生のフォロー」も前年の47.9%4番目からランクアップ。興味をもって早々にアプローチしてきてくれた学生をもっと大事にしたいとの思惑が見える。「大学との関係強化」は前年はトップだったのがダウンしたが、割合は前年の49.7%からポイントを増やしており、学内セミナーや研究室経由でより強固なバインド力のある応募者を集めたいという期待が込められていよう。

■2025年卒採用で注力したいこと

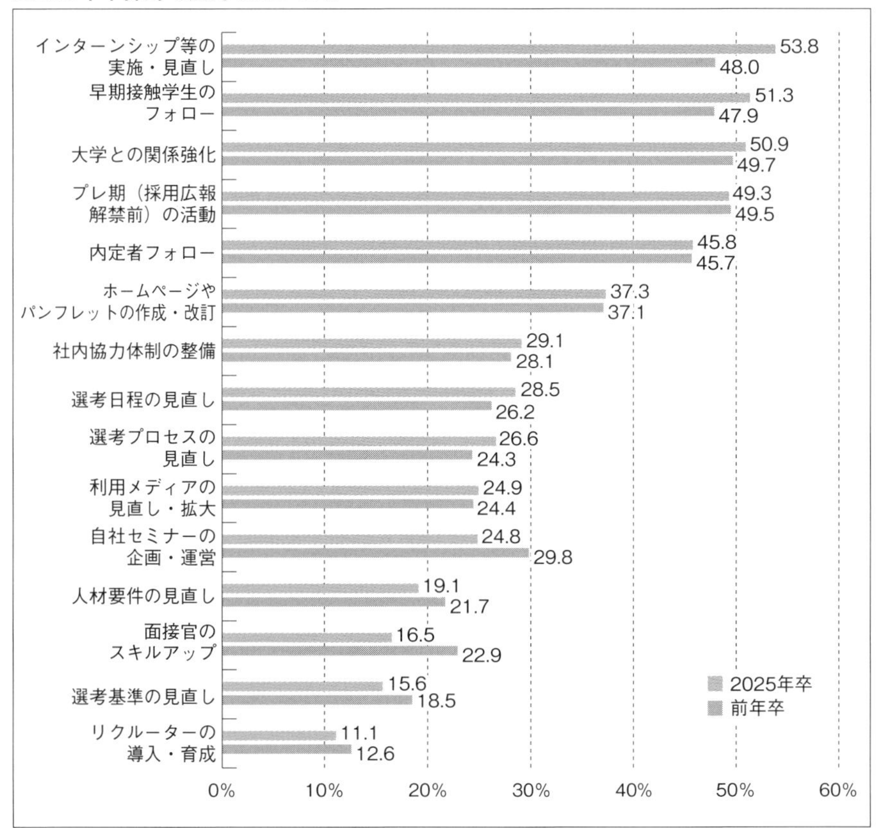

出所：「2024年卒採用 内定動向調査／2025年卒採用計画」株式会社ディスコ

2 新定義のインターンシップ始まる

インターンシップという制度は周知されているが、その定義が見直されたことはあまり知られていない。企業・学生双方に有意義なインターンシップとなるよう、現状を理解して利用したい。

より、就活に密接な制度になった

同じ「インターンシップ」と銘打っていても内容は千差万別、というのがこれまでの実情だった。そこで、国の主導で「採用と大学教育の未来に関する産学協議会」が設置され、インターンシップを新たに定義し、学生のキャリア形成支援活動を類型で整理するということがなされ、2022年４月に報告書が示された。

インターンシップについては、「**学生自身がその仕事に就く能力を備えているか、どうかを見極めることを目的に、専攻を含む関心分野や将来のキャリアに関連した就業活動を行う活動**」と定義。学生のキャリア支援活動については４類型が示された（**タイプ３とタイプ４がインターンシップに該当**）。

タイプ１：**オープン・カンパニー**（１日限りの説明会・見学や体験の場）
タイプ２：**キャリア教育**（１～３日間のグループワーク・研修など）
タイプ３：**汎用的能力・専門活用型インターンシップ**（実務を体験）
タイプ４（試行）：**高度専門型インターンシップ**（大学院生のみが対象）

さらに、企業がインターンシップで得られた学生情報を採用活動に活用できる５つの要件が設けられ、これを満たすプログラムは「**産学協議会基準準拠マーク**」の使用が可能となった。

①職場における就業体験を、**実施期間の半分を超える日数**で必ず行う
②**職場の社員が学生を指導**し、終了後にフィードバックを行う
③実施期間は、汎用的能力活用型が**５日間以上**、専門活用型が**２週間以上**
④**長期休暇期間**（夏休み・冬休み・入試休み・春休み）に実施する
⑤採用活動への活用などについて、募集要項などで必要な**情報開示**を行う

新制度のポイントは、選考活動の基本スケジュールは従来から変えず（原則）、インターンシップを適切に導入することで、原則にとらわれない**弾力的な採用選考活動が可能になる**点。2025年度卒（2026年３月卒）の学生対象の場合、卒業・

修了前年次３月の広報活動開始時から、企業はンターンシップを通じて取得した学生情報の活用ができる。

◀◀◀初年度の実施状況は…▶▶▶

新定義によるインターンシップは2023年から実施されている。その状況を見てみよう。株式会社ディスコ「**2024年卒採用 内定動向調査／2025年卒採用計画**」（2023年10月23日発表）で調査結果が紹介されている。まず、実施時期だが、「インターンシップ等実施状況」によると、2023年度は夏季と冬季にほぼ７割の企業が、秋季には６割の企業が実施している。過年度では冬季の実施がいちばん多く、次いで夏季、秋季だったのと比べ、**夏季の実施が顕著に増えた**。

実施プログラムは、どの時期においても「**タイプ１：オープン・カンパニー**」が格段に多く（夏季は７割近く）、他のタイプはどれも３割に届かないが、そのうち「**タイプ３-①：汎用能力活用型インターンシップ**」は夏季の実施がもっとも多く（２割強）、長期休暇に合わせて実施（学業に配慮）されたと推察できる。

同調査で、夏季プログラム参加者への満足度も尋ねているが、「量・質ともに満足」は約３割で、実は２年連続でポイントが下がった。対して、「質は満足、量に不満」「質・量ともに不満」が増加。実施企業が増えて参加者が分散したことで、**十分に参加者を獲得できなかった企業が多かった**とみられる。

◀◀◀学生の状況はどうか▶▶▶

参加した学生の状況はどうだろう。同じく株式会社ディスコの「**キャリタス就活　学生モニター2025調査結果　９月後半時点の就職意識調査**」におけるインタ

■インターンシップ等実施状況（予定含む）

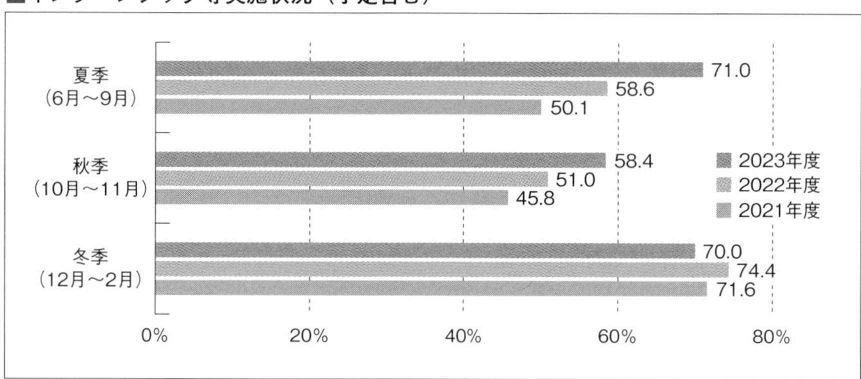

出所：「2024年卒採用 内定動向調査／2025年卒採用計画」株式会社ディスコ

第４章 最新採用動向　２ 新定義のインターンシップ始まる

ーンシップ関連の調査を見てみよう。まず、2023年度から適用された新定義について、応募時に意識するかどうかだが、「知ってはいるが、あまり意識しない」が最多で39.3%、次いで「新しく定義されたことを知らなかった」が24.6%。「どの類型にあたるかを意識する」は9.2%にすぎず、「少しは意識する」(14.8) と合わせても4分の1に満たない。**定義や類型よりも、実際のプログラム内容やどこの業界・企業かに照準がある**のかもしれない。

実際の参加状況と今後の参加意向では、「**タイプ1:オープンカンパニー**」が「参加した」「今後参加したい」ともに最多で、企業の実施状況とも合致している印象だ。「**タイプ3-①:汎用能力活用型インターンシップ**」は、参加経験は3割に満たないが、今後の参加希望は7割近くあり、期待値は高そうだ。

◀◀◀今後に向けて▶▶▶

グラフは示していないが、学生の調査ではインターンシップに参加してよかったこと、不満に思ったことについても調査されている。「参加してよかったこと」のトップ3は、「興味のある業界について知識や理解が深まった」「社員と交流できた」「実践的な仕事を経験できた」。「不満に思ったこと」のトップ3は、「仕事のイメージがつかめなかった」「実践的な仕事を経験できなかった」「会社の雰囲気がわからなかった」。「**実践的な仕事**」の経験が両方に入っており興味深い。学生の希望要素として大きく、なおかつプログラム内容如何で評価が分かれるものと思われる。今後のプログラムの充実が望まれる。

こぼれ話　エントリーシートに生成AI利用、是か非か

ChatGTPなど生成AIが急速に広がりを見せている。しかも「仕事ぶり」があまりに優れ、創作活動のプロを脅かす場面も生じてきた。では、就職活動にこれを利用する、たとえばエントリーシートの作成に生成AIを使うというのはどうだろうか。

ちょうど、株式会社ディスコがこのテーマで調査をしている。「2024年卒採用内定動向調査／2025年卒採用計画」(2023年10月23日発表) で、学生が利用することについての企業側の賛否を、学業とエントリーシート作成に分けて尋ねている。これによれば、学業での利用は「賛成」「どちらかというと賛成」の合計で36.1%が肯定。「反対」「どちらかというと反対」は計41.3%で、賛否は拮抗している。これに対しエントリーシート作成での利用については、「賛成」組の合計は16.5%、「反対」組の合計は61.1%で、反対意見のほうが圧倒的に多かった。

■インターンシップ新定義を応募時に意識するか

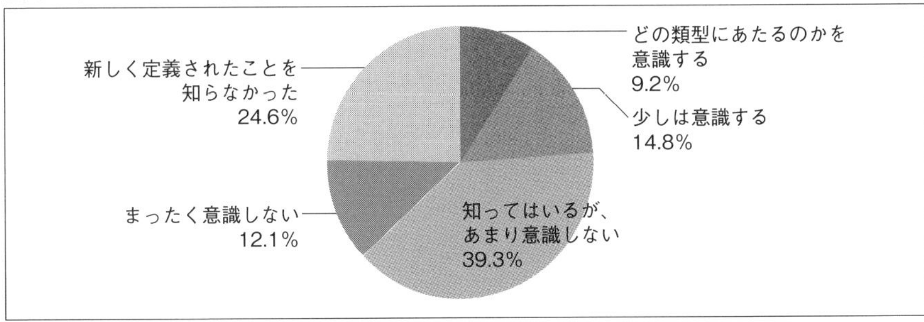

■キャリア形成支援類型別参加状況と今後の参加意向

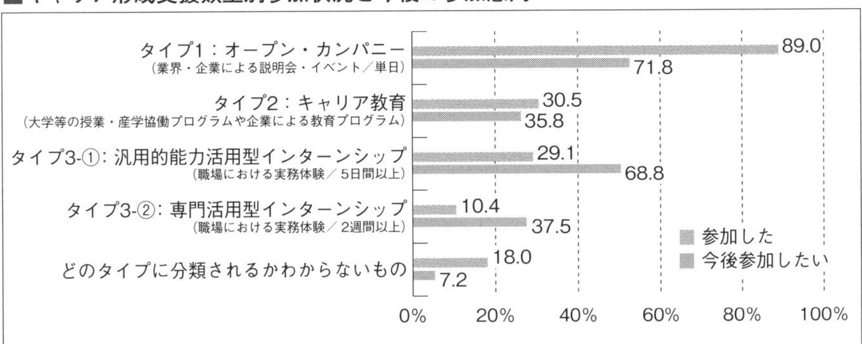

出所：どちらも「キャリタス就活 学生モニター2025調査結果　9月後半時点の就職意識調査」株式会社ディスコ

こぼれ話　「オワハラ」にご注意

「オワハラ」つまり「就活終われハラスメント」は、たとえば、物理的に他社の就活ができなくなるよう研修会等への参加を強要、内々定の段階で内定承諾書の提出を求める、内々定辞退を申し出たのに何度も説明を受けさせるといった、企業からのいやがらせをいう。他社の就活を終えるよう強要することは、職業選択の自由を妨げる、許されない行為なのだと知っておいてほしい。

「内定を出すので、以降、他社の面接等は辞退してください」こう言われたら、迷うかもしれない。「ほかでは内定はもらえないかも」「企業に迷惑はかけられない」……。弱気になって、つい、いいなりになってしまうこともありそうだ。

しかし、内々定・内定の辞退は就活生の正当な権利。マナーを忘れないことは当然だが、「オワハラ」に屈することなく、納得いく就職活動を全うしよう。

先輩に聞いた就職活動の極意——その1

品川功太（しながわこうた）さん

■2016年3月、専修大学法学部卒業
同年4月、住宅設計・施工会社に入社

●とにかく「人よりも早く動き始める」ことを意識した

就職活動を始めたのは、3年生の秋からです。就職について考えたとき、「最初に入社する企業で人生が決まる」「そこで後悔したくない」という思いがあって、人よりも早く動き始めたという経緯がありました。

活動当初から、どの業界というこだわりはなく、企業の雰囲気や、自分のやりたいと思える仕事かどうか、という点を重視していました。就職関連サイトなどで企業について調べて、合同説明会にも積極的に足を運びました。各企業のブースで担当官の方から、座り方や話し方などの基本的な作法、企業の選び方、面接のコツなどを教えてもらったのは、印象深かったですね。

入社の決まった企業も、合同説明会で気になった企業の1つです。事業内容は住宅設計・施工で、会社説明会では住宅の性能についての話が中心でした。同じ業界の他社では家の外観をどう見せるかを重視していたのが、そうした話が一切なく、「耐震」「エコ」などをテーマにしていて、自分が家を建ててもらうならここだと思えるぐらい、性能にほれ込んだんです。

住宅業界に対しては、仕事がきつい、大変というイメージがあったんですが、そんなことは関係ないと思えるぐらいに、強い印象を受けました。

●入社試験で活きたのは「まとめる立場」としての経験

入社する企業の試験は、会社説明会とインターンシップへの参加を経て、Webテスト、1次面接、2次面接、最終面接というステップで進んでいきました。

面接を受けるときに大きかったのは、アルバイトで指導する立場を任されていたことと、大学のゼミナールでゼミ長を務めていたことです。アルバイトは高校1年のときからずっと同じ焼肉屋で働いていて、新人教育全般と、店回しの指示出し・コントロールを担ってきました。それに対してゼミ長は、ゼミ生の代表という感じで、イベントがあるときにどうやってみんなを積極的に参加させていけるか、ということに気を配りました。アルバイトとゼミナールで、それぞれ違う「まとめる立場」を担えたことは、就職活動でも活きていたと思います。

面接試験を振り返ると、1次は初めての面接ということもあって、本当に緊張していて……。自分の子どもの頃のことや、これまでに経験してきたことを話すのがメインだったんですが、2次ではアルバイトでの失敗談なども交えながら、普通に会話をするように、ありのままに楽しく話すことができました。

2次面接に合格したことで自信がついたのか、最終面接は緊張せずに迎えることができましたね。印象深い質問として、「ウチの会社で働くうえで大切なこと・重要だと思うことは何か」というものがありました。住宅設計の営業職として、お客様がどのような家を建てたいか、細かなところまですべて聞く力が大事だと思い、よく使われる「傾聴力」という言葉をあえて避けて、「話を聞くことだと思います」と答えました。最終面接の後日、内定をいただくことができました。

●入社の決め手は「何をお客様に売ることができるか」

実は、入社する企業とほぼ同時期に、自動車販売を業務とする企業からも内定をいただいていたんです。そちらの企業は、この人の下で仕事がしたいと思えるような社長さんが経営されていて、最後まで本当に迷いました。

自分の就職活動の「芯」の部分として、この仕事ができる・できないではなく、やりたいか・やりたくないかで考えていましたが、この「芯」に照らし合わせてみても、どちらの企業も当てはまってしまったんです。そこでもう一歩踏み込んで、家と自動車の販売どちらを選ぶかを考えたとき、家は一生に一度の買い物で、お客様と向き合う時間もそれだけ長くて濃いのでは、ということに思い当たりました。家を売ることができるなら、この先、営業職としてどんなものでも売っていけるのではと思い、最終的に住宅設計・施工会社を選びました。

●「自分がやりたいと思える仕事」を見つけてほしい

就職活動にあたっては、興味の幅を広げることを勧めます。興味の幅を広げることで、私が住宅業界を就職先に選んだように、新たな発見もあると思います。

そして何より、自分が本当にやりたいと思える仕事ができる企業を受けるべきだと思います。自分がやりたいと思える仕事なら、どんな企業を選んだとしても、働いていくことができると思うからです。

イ ン タ

先輩に聞いた就職活動の極意 ——その2

小林未来(こばやしみく)さん
■2016年3月、千葉大学教育学部卒業
同年4月、ソフトウェア開発会社に入社

●「成果が目に見える」一般企業への就職に方針転換

大学へ進学するときに、教員免許という資格をもった仕事ができるように、教育学部を選びました。実際、3年生の11月に小学校で教育実習を行うまでは、「教師になるんだ」という意識が強かったんですが、現場での経験を通じて、教師という仕事と自分の求めているものは少し違うのでは、と感じたんです。

自分の性格として「仕事の成果が目に見える形でわかるもの」が向いているのではと思い、一般企業への就職に切り替えました。

●常に内定を確保した状態で就職活動を続ける

私たちの年からは、活動の指針が見直されたことで、企業の活動スタートが遅くなることはわかっていました。そのため、早め早めに内定を確保しておかないといけないのでは、という不安にも駆られていました。

企業の活動が解禁された3月は、学習塾や予備校などの教育系の企業へのエントリーを中心にしていました。教育学部出身ということもあり、3月後半の時点で最初の内定をいただけたのですが、最終的には教育系の企業への就職は断念しました。その理由の1つは、特に大手企業の場合、全国に校舎があって、転勤が前提になるからです。また、勤務形態も一般的な企業とは異なるため、ライフスタイルを大切にした働き方をしたいという思いもありました。

それからは内定を確保した状態で活動を続け、「自分の好きなこと」を仕事にできるか、という基準で他の業界にも目を向けるようになりました。ですが、それだけでは理由づけが弱く、1次面接を突破できない、という状態が続きました。

●企業からの指摘を受けて、自分の適性が見えてきた

4月・5月と活動を続ける中で、教育系の企業以外に1社だけ、最終面接まで進むことのできた会社がありました。住んでいる町の近くに工場のある企業の系

列会社で、順調に面接が進んでいったのですが、結局、最終面接で落ちてしまいました。合否の結果を電話で伝えられたときに、担当の方から「あなたは営業のような表に出る仕事のほうが向いている」と指摘されて、自分の伝えていくべき長所・短所も含めて考えなければいけないのではという反省にもなりました。

3月からいろいろな企業や職業を見てきたこと、そして自分が大学で経験してきたこと――教育実習のときに子どもたちの前で授業をしたこと、軽音楽部でボーカルを担当していたことなどを踏まえて、自分は人の前で何かを発表したりプレゼンテーションしたりすることが得意で、これを仕事につなげていくことができるのでは、と考えるようになっていきました。

●ライフスタイルを考慮して、就職先を決める

営業職として入社することになった企業は、給与計算や人事考課システムなどのソフトウェア開発をメインとしている会社です。自分がそれまで学んできたことと全く異なる分野でしたが、就職関連サイトで一番業務内容が詳しく示されていたこと、会社説明会で同じ大学出身の先輩を紹介して親身になってくれたことなどに安心感を抱けました。また、社員1人ひとりの残業時間をきっちりと管理するなど、福利厚生が整備されていることも大きかったです。

入社試験については、まず筆記試験を受け、後日、社長との最終面接がありました。面接では、圧迫されるように感じる部分もありましたが、無事内定をいただくことができました。企業によって面接では、友好的な雰囲気で接してくれる場合と、圧迫的な雰囲気の場合とがありますが、ある程度開き直っていく姿勢が大切なのかなと思います。何もしゃべれなくなってしまうことが一番まずいので、考え過ぎずに「とにかく発話をする」のが大事だと感じました。

●大学で学んだことが「自分を際立たせる材料」になる

大学の授業と会社説明会の日程が重なると、「授業に出ないで説明会に行こう」という考えが出てきてしまうこともあります。

ですが、面接ではどんなことを学んできたのかが聞かれますし、学んできたことは実際に、エントリーシートや面接の中で「自分を際立たせる材料」になります。

学業と就職活動の両立は簡単なことではないですが、がんばっていけば結果に結びついていくのではと思っています。

「内定」を得た先に——将来を見すえたキャリアデザインをしよう

業界研究に始まり、職種を知り、就職活動の流れはイメージできたはず。最後に、「就職してから先のこと」を考えてみたい。自分がどのような形でキャリアを積み重ねていきたいと望み、その先にどんな将来を思い描いているのか、改めて自分に問いかけてみよう。

自分だけの「強み」を見つけるために

内定は就職活動のゴールであるとともに、次のステップへのスタートライン。これから先の長い人生設計の中で、どのようなキャリアを積み上げ、どのような仕事に携わっていくのかは、自分自身で決めていくことになる。

学生のうちから明確なキャリアデザインを描いておこう、といっても、なかなかそこまでの余裕はもてないもの。もちろん、就職活動中にこと細かな設計図を描いておかなくても大丈夫だ。

人材育成や研修を重視する企業は、独自のスキルアップ制度を設けて、社員教育にあたっている。企業によっては、年齢や役職に応じた教育・研修制度が用意されていて、語学レッスンや資格試験合格をめざす人のためのバックアップ、大学・大学院通学などのプログラムを組み込んでいることもある。

こうした制度は20歳代のうちから積極的に活用したいところだが、すべての企業が同じ制度を採り入れているわけではない。制度の詳細を知るには、企業のホームページや会社案内に載せられている情報だけでは不十分な場合が多い。**会社説明会やOB・OG訪問などで現役社員に直接確かめて、企業選びの基準の1つにしておきたい。**

ただし、覚えておきたいのは、企業の教育・研修制度だけが、キャリアデザインのすべてではないということ。特に今は、**個人個人が自分だけの「強み」を見つけて、付加価値をつけていくことが求められている時代。**自分でキャリアデザインを描いていくというのは、そういうことだ。

企業の制度についてはこれから紹介していくが、ふだんから自分なりに意識しておきたいことを挙げておこう。その1つは、**社内に目標や手本となる人（メンター）を見つけ、その人の仕事ぶりや工夫しているところを観察すること。**今の自分に何が足りないか、どこを伸ばすべきか見えてくるだろう。

また、**人脈を広げるために、社外の人とも積極的にかかわるようにしたい。**

大学の同級生や先輩・後輩はその格好の相手になるはずだ。大学の知人が異なる業界で働いていたら、意見交換を図り、視野を広げていけるようにしよう。

社会人としての基礎を固める社内教育制度

キャリアの基礎は、働く中で培われていく。企業側がどのような教育・研修制度を採り入れているのかを眺めてみよう。

企業の教育・研修制度は、次の3つに大きく分けられる。

- **OJT（オン・ザ・ジョブ・トレーニング）**：職場で直接上司の指導を受けながら、業務をこなしていくもの。
- **Off-JT（オフ・ジェイティ）**：OJTの内容を補完しつつ、職場での業務から離れた場所で、集団研修などを通じて知識の浸透やトレーニングを図るもの。
- **セルフ・ディベロップメント（自己啓発）**：社員それぞれが、自分の志向やモチベーションをもとに目標を定め、課題に取り組んでいくもの。

このうち、OJTに関しては、まさに働きながら身をもって学んでいくものだが、Off-JTについては、企業によって内容が異なってくる。

新卒で入社してから3か月頃までは、社会人としての基礎を固める時期になる。入社して間もなく研修を行い、その中で社風の徹底を図る企業も少なくない。その後、現場での通常業務に入り、企業によっては半年後などにフォローアップ研修を開いてそれまでの仕事を振り返り、個人個人が新たに目標を設定して、また通常業務に戻る……、というスタイルを採っている。

入社して2年目以降は、1年ごとに研修を行い、そのつど細かなテーマを設定しているところもある。こうしたプログラムを継続して行うことで**基礎力に磨きをかけ**、並行して仕事をこなしていくことで**実践感覚を養う**。研修を経て身につけた知識と、現場で培った経験とをミックスさせて、確実にスキルを高めていくしくみになっている。

「自己啓発」の意識で自分を磨く

OJTやOff-JTが企業側の主体となる教育・研修制度である一方、「セルフ・ディベロップメント＝自己啓発」は、何を学び何を実践していくのか、自らその手順を考えて、研修や勉強に励んでいくもの。今後のキャリアデザインにおいても、もっとも重要なポイントだ。

Off-JTの中にも、企業側が推奨していて、費用面の支援を前提とした自己啓発的な研修制度もある。たとえば、企業側にとって将来的にメリットとなる資格を取得した際、スクーリングなどに費やした経費を企業が負担してくれるというもの。これには通信教育、社外セミナーも含まれるが、企業・社員双方にとってプラスとなることが前提だ。

これと違って**自己啓発では、個人の裁量によって「何をめざすか」を決めることになる**。仮に仕事と直接の関係はなくても、その社員の成長を促す効果があるなら、企業側の支援を得られるかもしれない。必要経費のすべてを企業が負担してくれるとは限らないが、意欲と向上心を見せることで大きなアピールにはなる。デジタルなど成長分野に人材を移動させるため、国としてリスキリング（学び直し）を重視している状況も後押しになるだろう。

企業側にとって、自分たちの設定する教育・研修制度を受けさせるだけでは、横並びの人材が揃う結果になってしまう。社員にとっても、最低限のスキルは身についたとしても、やはり自分だけの武器がなければ、ステップアップは望めない可能性が高くなる。そうした意味でも、**自ら目標を立てて課題に取り組んでいく姿勢と意識が重要になってくる**。

30歳代はキャリア選択のターニングポイント

20歳代のうちに基礎力を身につけ、実践感覚を養い、社会人としての基盤が出来上がる頃には、30歳代に差しかかり、部署内のチームリーダー的な立場になる人も出てくる。ここが、**それから先のキャリアをどのようにしていくかの、ターニングポイントになる**。

そのまま管理職としての昇進をめざしていく人は、次代のリーダー育成を目的として選抜研修を受けてみるのもいいだろう。その際、自主的に、組織の運営や労務管理の仕方を学ぶ意欲ももちたい。特に**労働法規の知識を身につけること**は、コンプライアンス（法令遵守）の観点からも今後ますます重要になってくる。

昇進・昇格から離れて現場にこだわり、特定部門のエキスパートとして腕を磨いていくという選択肢もある。他部門で社内人材公募制度の募集があれば、新たな挑戦として申し込んでみるのも１つの手だろう。

また、就職活動の際、希望していた企業に入れず、数年は別の企業でスキルを磨く時間にあてていたという人は、転職する時期を見定めておく必要がある。

いずれにしても覚えておきたいのは、こうした**キャリアの転換期に差しかかる時期が、全般的に早まってきている**ことだ。

そして、自分が就職して10年たつ頃には、働き方そのものもさらに変化してきている可能性を見すえておきたい。最近では総合職採用と異なる、職務・勤務地・勤務時間などを限定した正社員（限定正社員）、特定の職務に適した人材を採用する雇用形態（ジョブ型雇用）を推進する動きも一部の企業には見られ始めた。このような働き方が浸透してきたときに、自分はどのような立ち位置を選ぶのか、柔軟性をもってキャリアの築き方を考えられるようにしておこう。

また、これからの時代は、自分と文化的背景の異なる人とチームを組んで働くという機会が、どんな仕事をやっていても必ずめぐってくるはず。語学力やコミュニケーション力だけではなく、自分と異なる価値観をもつ人と上手につきあっていく能力も、キャリアを形成する上で大切になってくるだろう。

自分が「何をやりたいか」を出発点にしよう

キャリアデザインの描き方は人それぞれだが、自分のめざす業界や職種が明確になっていれば、ある程度の道は見えてくるはず。まずは、**何歳までにこうしようという「人生のチェックポイント」**をいくつか設けてみよう。2年後、3年後を最初のターニングポイントにしてもいい。30歳代に差しかかるまでに一度立ち止まって、自分が積み重ねたものを眺める機会をつくるというのでもいい。

もし、まだ自分のやりたい仕事が見つからない、という人は、自分の原点に立ち返って、小さい頃、将来何をやりたいと考えていたかを思い出してみよう。それが実現可能かどうかはさておき、なぜそれをやりたいと思ったのか、その気持ちが出発点になる。

それでも浮かぶものがなければ、どうしてもやりたくない仕事を削る作業をしてみる。そうしてみた先に、何かしら残るものはあるはずだ。残ったものを起点に就職活動をスタートさせるのも、恥ずかしいことではない。何を始めるにも決して遅くはない時間を過ごしていることを忘れずに、自分の将来を考えていこう。

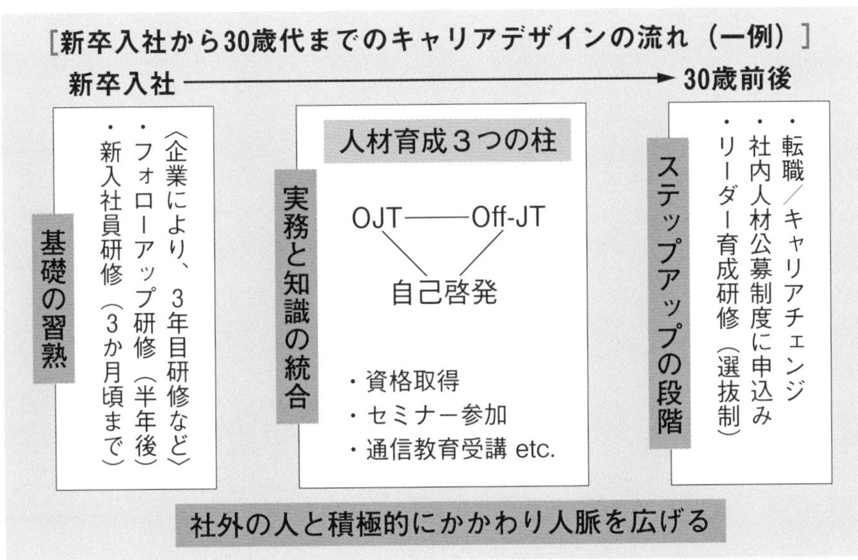

●参考文献＆情報源

会社の業績・採用＆待遇情報など
「会社標本調査」国税庁
「EDINET」金融庁
「賃金構造基本統計調査」厚生労働省

採用・就職活動について
「2024年卒採用 内定動向調査／2025年卒採用計画」株式会社ディスコ
「キャリタス就活　学生モニター2025調査結果　9月後半時点の就職意識調査」株式会社ディスコ
「キャリタス就活2024　学生モニター調査結果　10月1日時点の就職活動踏査」株式会社ディスコ
「大学等卒業者の就職状況調査」厚生労働省および文部科学省
「大学等卒業予定者の就職内定状況調査」厚生労働省および文部科学省
「インターンシップを始めとする学生のキャリア形成支援に係る取組の推進に当たっての基本的考え方」文部科学省・厚生労働省・経済産業省
「大学等卒業・修了予定者の就職・採用活動時期について」厚生労働省
「2024（令和6）年度卒業・修了予定者等の就職・採用活動に関する要請」内閣官房
「就職・採用活動日程ルールの見直しの概要」内閣官房

●表紙デザイン／ichimilli
●ライター／青木典子・堀川陽子・田北みずほ
●本文イラスト／高井昌弘
●編集協力／ワードクロス
●企画編集／成美堂出版編集部（原田洋介・池田秀之）

あとがき

2005年版から始まった本書『業界と職種がわかる本』も、おかげさまで今回の2026年版で22年目、第22版となりました。近年では多くの図書館に置かれていると伺い、うれしく思っています。

本書の原点には、次のような思いがあります。

私は長い間転職の現場に居合わせてきました。そこでは、どんなに優れた能力をおもちであっても、ご自分の職業プランをしっかりと整理して見つめていらっしゃる方は非常に少ないものでした。そして、ほとんどの方が学生時代や最初の就職活動時からの「仕事観」「職業観」の形成不足を抱えていらっしゃいました。

転職・再就職を考える人材の方々のかたわらに立って痛感してきたこれらのことから、本書を世に送り出そうと思い至ったのです。

「どのようなモノ・サービス」を社会に提供していく産業・企業を自分は希望するのか。そこで自分の「どのような能力・スキル」を磨いて「どのような職種」に就いて力を発揮していくのかという就職活動の基本的なプランを、新卒の就職活動時から整理して明確に意識し続ければ、その後、職業生活の様々な変化やトラブルに遭遇したときでも、混乱せずに対処できるのではないでしょうか。

「働き方改革」は法改正のみで行われるのではなく、人材自身の努力による生産性向上なしに実現できるものではありません。

学生のみなさんにとって、卒業後、働くことなしに職務能力を習熟させることは困難ですし、企業側にしても、人材なくしてビジネスの伸長はあり得ません。産業構造の大変動があっても、人材を求めるニーズは必ず存在します。短期的な視野で自分を見失うことなく、無事に内定を得て就職活動を終えてからも学業を怠らず、生涯継続的に、自らの向上に励んでいただきたいと思っています。

みなさんがご自分を活かせる職場に出会い、充実した職業生活の第一歩を踏み出されることを心から願っています。

2024年３月

人材ビジネスコンサルタント　岸　健二

●編者紹介

人材ビジネスコンサルタント　岸　健二

1949年東京生まれ。1973年中央大学法学部法律学科卒業。百貨店にて主に人事・法務畑を歩んだ後、人材紹介業界へ。2002年より社団法人日本人材紹介事業協会事務局次長。2006年より同事務局長。2012年より一般社団法人日本人材紹介事業協会事務局相談室長。

本書に関する正誤等の最新情報は、下記のＵＲＬをご覧ください。

https://www.seibidoshuppan.co.jp/support/

上記アドレスに掲載されていない箇所で、正誤についてお気づきの場合は、書名・発行日・質問事項（ページ・企業名など）・氏名・郵便番号・住所・FAX番号を明記の上、**郵送**または**FAX**で、**成美堂出版**までお問い合わせください。

※電話でのお問い合わせはお受けできません。

※本書の正誤に関するご質問以外はお受けできません。
　また受験指導などは行っておりません。

※ご質問の到着確認後10日前後で、回答を普通郵便またはFAXで発送致します。

※ご質問の受付期限は、2025年の４月末日到着分までと致します。ご了承ください。

業界と職種がわかる本 '26年版

2024年５月20日発行

編　者　岸　健二

発行者　深見公子

発行所　成美堂出版
〒162-8445　東京都新宿区新小川町1-7
電話(03)5206-8151　FAX(03)5206-8159

印　刷　大盛印刷株式会社

ISBN978-4-415-23842-5

落丁･乱丁などの不良本はお取り替えします
定価は表紙に表示してあります